红颜才女系列

班昭

续写青史

姜越·编著

群言出版社
QUNYAN PRESS
·北京·

图书在版编目（CIP）数据

续写青史——班昭 / 姜越编著. -- 北京 : 群言出版社, 2017.1

（红颜才女系列）

ISBN 978-7-80256-816-7

Ⅰ. ①续… Ⅱ. ①姜… Ⅲ. ①班昭（约 49~120）- 传记 Ⅳ. ①K825.81

中国版本图书馆 CIP 数据核字（2015）第 173147 号

责任编辑：刘占凤
封面设计：侯　泰

出版发行：群言出版社
社　　址：北京市东城区东厂胡同北巷 1 号（100006）
网　　址：www.qypublish.com
自营网店：https://qycbs.tmall.com（天猫旗舰店）
http://qycbs.shop.kongfz.com（孔夫子旧书网）
http://www.qypublish.com（群言出版社官网）
电子信箱：qunyancbs@126.com
联系电话：010-65267783 65263836
经　　销：全国新华书店
法律顾问：北京天驰君泰律师事务所

印　　刷：北京晨旭印刷厂
版　　次：2017 年 1 月第 1 版　2017 年 1 月第 1 次印刷
开　　本：640mm × 960mm　1/16
印　　张：15
字　　数：260 千字
书　　号：ISBN 978-7-80256-816-7
定　　价：38.00 元

前　言

班昭是一位博学多才的中国古代女性。班昭出生于史学世家，从小就接受了严格正规的史学训练，加上她天分极高，可以说是“读书破万卷，下笔如有神”。班昭的《女诫》影响深远，不仅对当时的社会有巨大的作用，就是在今天看来也有着借鉴的意义。而其续写的《汉书》更是一部杰出的史传文学作品，在叙事写人方面取得了很大成就，在文学史上有较重要的地位与影响。

班昭的《女诫》一书，作为中国女训书的代表，影响十分深远。后世的女训书一般来说都由此立论，很少能出其范围，在女训著作中具有极高的代表性。《女诫》的问世不是突然的，和班昭所生活的那个时代相关联，可以说班昭《女诫》的出现具有社会历史发展的必然性。班昭从姑祖母班婕妤的人生经历中看到女人“柔顺”“敬慎”的成功之道。在班昭看来，姑祖母是班氏后代女性学习的典范，这也是促使她写《女诫》教育儿女的一个重要因素。班昭《女诫》的创作有其复杂的原因，《女诫》以女性自保为目的，在德义和是非之上要求女性学会“敬顺”与“曲从”，表现出对女性生命的关爱和对女性教育的思考。

千百年来，班昭以其自编之家训《女诫》而影响后世。这是中国历史上第一部女训教育的著作。历来人们对班昭的《女诫》都是毁誉参半，赞成的人因其易学易行而引以为典训，并对班昭及其《女诫》的推崇达到了夸张的地步；反对者则指责班昭之主张成为后世戕害中国妇女的罪魁祸首。

班昭所作，无不标明其时代特征，抒发其政治见解。在历史的长河中，永不沉没，在社会的发展中，经受检验。多少面镜子，照出她生活时代的淳风抑或是陋俗。千年万代，人们从沙里淘金，璞中剖玉，可以说金玉其中，表里如一。

本书通篇以闲话家常、婉约诚挚的笔法评析、阐释，娓娓道来，不生涩，没有说教，向世人展现一位女文学家生活的点点滴滴，她的喜怒哀乐，她的命运多舛，她的才高运蹇，她所经历的林林总总。

由于时间仓促，作者水平有限，书中错漏缺点在所难免，恳请读者批评指正。希望本书可以让广大读者从中学到知识，开阔视野，全面细致地了解历史人物的传奇人生。

第一章 生活背景，古代的仕女文化

如果说古代女子大多数是文盲，那么贵族仕宦阶层的仕女是少数能受到文化教育的幸运儿。中国古代，特别是班昭生活的汉朝，仕女们的生活究竟是什么样的呢？让我们先看看她们的生活与婚姻吧。

第二章 家学渊源，班氏家族才俊辈出

班昭家学渊源，其家族人才辈出。朝廷大臣、后宫贤妃、文史大家、征战名将，班氏家族的才俊们活跃在历史的多个画面。生活在这样的家庭，班昭能够成为一代“女教圣人”便不足为奇了。

第三章　博古通今，修《汉书》著《女诫》

班昭的《女诫》影响深远，不仅对当时的社会有巨大作用，就是在今天看来也有着借鉴的意义。而其继承父兄遗志续写的《汉书》，更是一部杰出的史传文学作品，给后人留下宝贵的精神财富。

第四章　出入宫廷，参与政治的"曹大家"

班昭是位博学多才的不凡女性，在当时就引起了当朝者的注意，受到皇帝的青睐、贵妃的推崇，取得"宫廷之师"的名号，使她在生命的后半期走上了政治舞台，通过自己的影响，改变了当时的朝局。

第五章　毁誉参半，班昭的生前身后事

班昭作为历史上第一位留下名号的女子教育家和史学家，她留给后人的不仅是《女诫》和《汉书》，围绕着她的一生，还有很多解不开的谜团。后人对她本人的评价也是毁誉参半，这是为何呢？

第六章　文采华章，班家女的文学才华

不能否认，班昭和她的女性长辈班婕妤，是中国古代不可多得的文才杰出的女子。她们在传统男权社会不仅活出了自我，还留下了优美的文采华章，令后人赞叹不已。

第一章 生活背景，古代的仕女文化

如果说古代女子大多数是文盲，那么贵族仕宦阶层的仕女是少数能受到文化教育的幸运儿。中国古代，特别是班昭生活的汉朝，仕女们的生活究竟是什么样的呢？让我们先看看她们的生活与婚姻吧。

仕女的才华以及反礼教思潮

一般人的观念里，中国女性被传扬歌颂的代表，不外是历代贤妻、良母、孝女、烈妇之类，而女性投注于艺文活动则往往被人忽略不计。实际上，在艺文方面最早见诸著录者可追溯至舜的妹妹嫘（源自《说文》）。其后，历代均有善作书画的女性留名青史。尽管与男性相比，数目的差距极为悬殊，但不乏笔墨清丽、风格独特的佳作。

古代的闺阁才女心目中有两个典范：一是汉代的女史官班昭曹大家，一是东晋吴地女子号称“咏絮之才”的谢道韫，前者饱学，是女“士”的代表；后者多才，是女“才”的榜样。古代曾经出现了不少自幼习文、性耽于学的女“书痴”，就像当时人感觉的“女人识字，便有一种儒风”。女书法家如吴彩鸾（9 世纪）、杨妹子（1162—1232 年）等，女画家如管道升（1262—1319 年）、曹妙清（14 世纪下半叶）、仇珠（16 世纪下半）、马守真（1548—1604 年）、文俶（1595—1634 年）、陈书（1660—1736 年）等，都是其中的佼佼者。至于女性从事诗文创作，成绩同样不遑多让。唐代的女诗人薛涛（约 758—831 年）、鱼玄机

(845—870 年)，宋代的女词人李清照（约 1084 — 1151 年）、朱淑真（约 1135—1180 年）等，笔下莫不情感真挚、意境娴雅，以女性特有的细腻与婉约，占据文坛的一席地位。

如果说古代女子大多数是文盲，仕宦阶层的仕女是少数能受到文化教育的幸运儿，其中更有蔡文姬、李清照那样惊才绝艳的才女的话，那么到了妇女深受压迫的明清，仕女们不仅没有了再嫁的自由，连学习的权利都被剥夺了。“女子无才便是德”的说法，常见于清人记载，而这个观念的形成则在明代。这是由于明代强调节烈观时，为推行方便计，对妇女有意识地实行“愚民政策”的结果，也是由于防嫌而产生的消极因素。

前代对妇女轻才重德的说法，一直都有，但真正在女教著作中明确提出“女子无才便是德”，则是在明末才出现，并且是和“男子有才便是德”对立提出的。在提出之前，明代已有大多数家庭养女不教读书识字，这是为了防微杜渐，以防女子知识多了，不安于室。当然，也有人对此持反对意见，认为只要教以正道，女子读书识字更有利于她们知礼守节。然而，即使是家中开明，有机会学习成才的大家女子，为了避嫌，也不能让自己的诗词书画等作品流传于外。所以，明清仕女中的诗词作品多亡佚，如明末清初女诗人方维仪（1585—1668 年），为大理少卿方大镇之女，少年寡居，善作“离忧怨痛之词”，但“草成多焚弃之”。在逝世前她还再三叮嘱侄儿：“余《清芬阁集》汝勿漫赠人，余甚不欲人之知也。”女性文人的作品就是因为这样一种迂腐观念，销毁的不计其数。

另一典型例子是1831年由女学者汤漱玉辑集出版的第一本女性画家专著《玉台画史》，书中已经尽可能地收录各史书上记载过的女性画家，但自嫘祖（即舜的妹妹嫘，汉代学者许慎《说文解字》中称其为绘画始祖）开始至汤漱玉所生活的清代，也仅仅收录到200余名女性画家的事迹。而这些事迹能得以流传，也一般是因为这名女性身后有着强有力的男性为依托。如元代管道升的背后有画艺精湛的丈夫赵孟頫，明代仇珠的背后有以绘画闻名遐迩的父亲仇英，清代陈书的背后有身居刑部侍郎要职的儿子钱陈群。

这种需仰仗男性才得以传名的怪异现象，实际上是古代女性不能独立于社会的一种悲剧身份的体现。闺阁画家更是画完即毁，以免画作流落于外有污清闺名声，明《金陵琐事》记马闲卿“善山水白描，画毕，多手裂之，不以示人，曰：‘此岂妇人女子事乎’”

此外，小说戏曲中的男女自由恋爱，多起于男女唱和，慕才而动心，但这种事情，对于男子来说，是风流韵事，对女子来说，则是有辱家风，非得投河上吊不可。所以便有人认为，女子无才，即可少惹是非，守住贞德了。当时就已有人指出此种言论的不正确，如明代赵如源在《古今女史》中即说无才是德说是一种“矫枉之言”，“有德不妨才”才是“真平等论”。而汉晋更有专颂女子才能的篇章。

女子无才便是德的说法，不仅在明清社会影响很广，直到现在还流传不绝，重视男子读书忽视女子教育的做法一直都存在，贫困家庭大多不惜让女孩失学，却千方百计送男孩去读书，以至于现在有专门针对救助失学女童的“春蕾计划”。

当然，任何社会都不是一成不变的，在礼教严苛的明清，也一样有反礼教的声音出现。如明末的李贽，就是著名的离经叛道论者，他主张离开穿衣吃饭便没有人伦物理，以此反对“饿死事小，失节事大”的说法；他强调个性解放，认为“以孔子之是非为是非，故未尝有是非”；在婚姻家庭男女关系上，选择配偶，男女平等，认为夫妻最重要的是双方感情，而让寡妇守节则是很残酷的事情；他称妒妇为“贤主”，泼妇为“好汉”，认为妇女中大有才智过人者。李贽因为这些“异端邪说”，不断遭到迫害，最后自杀死于狱中。他的著作明清两代都被列为禁书。

明清之际反对妇女单方守节的士子还有很多，如归有光《贞女论》认为苛求一方守贞有悖伦常；毛奇龄写《禁室女守志殉死文》，强烈反对未嫁女守贞殉死；宋儒所说的“失节事大，饿死事小”，古往今来的许多公卿大臣在军国大事上都失节，却反而以此苛责“茕茕少妇”……所以即使在礼教严明的明清，在一些开明学者的影响下，也有“再嫁者不当非之”、主张“去留自便”的小环境存在。

清代俞正燮存书稿中也有同情妇女的论述，他主张严格的一夫一妻制，反对男子纳妾，反对单方面强调妇女守贞（“再嫁者不当非之，不再嫁者，敬礼之斯可矣”，“妇无二适之文固矣，男亦无再娶之仪”），又作《妒非妇人恶德论》，认为“妒者妇人常情”，如果妇不妒，反而说明妇不爱夫，会导致“家道坏矣”的不良结局。

比俞正燮稍早一点的李汝珍，说法就更有趣了，此人写了一部颇有意思的小说《镜花缘》，小说中写了个女儿国，一切反其道而行之，让女子参政当官，男子裹足为妃，大受其苦，借此大讲裹足的危害，认为这是病态而非美态，应予取缔；还写了个强盗要收妾结果触怒了压寨夫人，被夫人打板子教训的故事，故事里强盗夫人说强盗如果要讨妾，须先替自己讨男妾，否则不许……这部小说在滑稽幽默中反对封建礼教，引起人们共鸣，影响很大。

总之，自贵族出现之初，礼教形成之后，婚姻出现之始，妇女，尤其是官僚贵族家庭的妇女，就一直受着种种社会条件的制约，没多少个人意志和个人自由。她们从做闺女时起就在为婚姻做准备，而在婚姻中又是责任甚重保障甚少，她们大多经济不能独立，即使有资财（嫁妆和私房钱），也须托于丈夫或族人。而社会对她们的压制，礼教对她们的限制，越到后世越苛刻严厉，造成很多社会悲剧。当然，后世人说起这些来，如果过于简单化，以为凡古代女子必守节必裹足，则又流于片面，并不尊重事实了。

门当户对，仕女婚姻的典型

经过春秋战国长期战乱，礼崩乐坏之后，到秦汉时期天下一统，为了稳定社会和人心，就开始鼓励妇女贞顺守节了。褒奖贞妇的诏书，就是从汉代开始出现的。当然了，褒奖归褒奖，反正没什么厉害的惩罚措施，所以秦汉时民间的婚姻还是很自由的。例如四川大富豪卓王孙的女儿卓文君，秀丽多才，年轻丧夫，寡居娘家，有一天听到来赴宴的宾客司马相如的琴曲《凤求凰》，为其倾倒，当夜即与私奔。卓文君父亲对她的行为恼怒，并不是恼她不肯守寡败坏门风，而是恼她嫁了个门不当户不对的穷小子，丢自己面子。后来才子司马相如做了官，岳父卓王孙就肯认他了。

汉朝婚姻，就已经注重门当户对了，到了此后的三国两晋南北朝，中原大乱岁无宁日的三四百年间，上层社会形成了极为严苛的婚姻重第风俗。高门贵族以与寒门通婚为耻，寒门则以与高门贵族通婚为荣。即使是已经做到大官的寒门人士，想要高攀高门，也不容易。如后晋时王谢两大家族世代为婚，大将侯景想攀亲王谢，梁武帝说："王谢门高，可于朱张以下求之。"如果有高门贵族的人甘冒天下之大不韪，跟寒族通婚，还会遭到其他贵族的弹劾，受到丢官罢职的处分。

之后的隋朝又是一个短命皇朝，隋文帝刚开始整顿纲纪，想使妇女遵循礼法，还没来得及实现，就让他儿子——历史上著名的荒淫皇帝隋炀帝给败坏了。

唐代初年门阀观念依然很强，盛行士庶不婚，而社会上也以与贵族通婚为荣，尤其山东士族更受重视，因为那是源自汉代的旧门阀。李世民登基后一再限制门第，制定新的氏族志，以新的权势者为尊，打击旧门阀，以利新政权。但山东的这些旧贵族族望很高，时人所敬。所以皇室与他们通婚极少，新的权臣显贵却争相与他们通婚，而他们每嫁女他方，也一定要广索财物，致有“卖婚”之名。

唐代随着科举制的确立，也出现婚姻重才的倾向，民间向有“才子配佳人”之说。这表现出尊重个人意志和文化习俗的进步性。

唐玄宗时的宰相李林甫，被人称作“口蜜腹剑”，是历史上著名的狡猾奸诈的权相，不过做他的女儿却很幸福，因为他为女儿选婿的方式非常“民主”。他有六个女儿，为了女儿的婚姻幸福，他在客厅窗上悬薄纱帘，在他召才俊谈话时，女儿们就可以隔窗窥探，选喜欢的人做丈夫。这个窗子，人称“选婿窗”。

唐时少年男女婚前有了私情，有的父母开明，竟肯予以成全，并不以婚前失贞为耻。如《全唐诗》里，就有这样一个故事，有一个书香之家的女儿叫晁采，她美貌多情，又会诗文，跟邻居家的书生文茂相好，两人私订终身，诗文唱和，偶有机会还偷偷欢好。晁采的母亲知道后，慨叹说“才子佳人，自应有此”。于是就将女儿嫁给文茂，成全二人的婚事。

唐之后的宋代是个经济发达的朝代，商业发达，市民阶层形成，在婚姻性爱上体现为享乐主义，婚姻多不重视虚浮的门第而更重视实实在在的钱物。

宋代无论男家女家都争相和财阀结亲。宋朝的达官显贵吕蒙正、韩琦、王安石等人的女婿，十人中有五人家世都不可考，但都是富家子弟。宋真宗时开封茶商马季良娶了外戚刘美的女儿，刘美的儿子娶的也是嘉州土豪王蒙正之女。

当然，这种结婚论财现象，比起从前只重门第的婚姻观来，是一种观念的发展，但也带出另一弊端，遭人非议，以致出现女子嫁妆不丰厚便被公婆家虐待的情形。

元代，崛起于草原上的蒙古民族入主中原，元初礼教相对松弛，儒生、士大夫的地位也急剧下降，所以民间自由恋爱风气抬头，大批读书人从养尊处优的高位猛跌下来（八娼九儒十丐），开始写戏曲为生，与倡优相恋。

但是随着元朝统治者接受汉法，甚至将以南宋理学为核心的封建礼教作为专制统治的重要工具之后，贞节观念就受到强化，寡妇殉夫的记载开始连篇累牍起来，缠足的恶习虽起自五代，也是从元朝才开始盛行的。

当然，元代的婚姻法《元史·刑法志·户婚》，在消除婚姻陋习，保护妇女权益上，也大有进步：对溺女、指腹为婚、典妻、卖妻都加以禁止；对收继庶母、婶母、嫂及弟妇都加以惩处；对出妻有限制；对重婚不守婚约等都有处罚；对鳏寡孤独的养护都有相应规定。

元之后的明代，是封建制复兴、宗法制高度完善、封建伦理道德到达顶峰的时代，也是手工业工商业得到发展，与南洋中亚欧非各国都有经济文化往来的时期。因此，在婚姻史上，明代既是奖励贞节，对妇女实行封建礼教压迫最突出的时代，也是淫佚之风盛行、黄书泛滥的时代。

明代的婚姻法比前代更加严格，有很多禁忌：无媒不婚，即结婚双方必须通过父母之命、媒妁之言，否则婚姻无效，“奔则为妾”；同宗不婚，同姓不婚；宗妻不婚，宗亲的妻妾，虽异姓不能相配，也就是说从古代一直流传下来的收继婚习俗（兄死弟娶嫂）被明令禁止；外亲不婚，不论直系旁系有服无服均不可结婚，其中姑舅兄弟姐妹婚，唐宋律不禁，明清律则杖八十判离，清律后改听从民便，但与妻的姐妹为婚则一直不禁；同母异父、同父异母不婚，这本是唐宋律都有明确规定的，明代又更严格，加上禁止异父异母兄弟姐妹通婚，此条后在清代被废止；良贱不婚，这一条是上承唐宋律令；僧尼道冠不婚，这一条唐以前无律禁，只是习俗中不许，宋元开始有规定，明律则规定得更严格，不仅僧道娶妻者要杖八十判离，其寺观主持如果知情的还要连坐同罪；逃亡不婚，是指收留别家迷失女子不送官而自留为妻的，要杖九十判徒刑，此处逃亡是指犯罪被收押后逃走者，而非背夫逃；先奸不婚，即禁止先奸后娶，这个唐宋律已有规定要判离，明律更在判离之外，加上杖责和财物入官的惩罚；胁迫不婚，明律禁止强占良家妻女，因胁迫成婚者可申诉请离，唐律不禁女方祖父母强嫁，明清律则规定任何人强嫁守志妇女均予处罚；买休不婚，男方买休人妻而与之结婚的，将妇人离异示归。由此可见，仕女在婚姻上的选择余地其实很小。

也有一些禁忌随着时代的发展事实上已废止，比如士庶不婚、官民不婚实际从唐后皆废，仇雠不婚至明代已无多大影响，后代也多不遵循。当然了，中国古代的法律执行起来并没那么严格，婚姻这种事情，还是从习者多，往往以情代法，民间自行之。如僧道有外室的，或者民间先奸后娶的，往往只是私下议论，只要没闹出人命，通常是民不举官不究的。

明中叶以后，贪污之风日盛，夸富之风恣行，还有国外的淫画淫书淫具淫药从海路传来，进入本就生活荒淫广置姬妾的上层社会。所以形成了在守节之风日烈，贞妇烈女大增的局面下，士子官僚生活荒淫，朝野争谈房中术而不以为耻的局面，而以《金瓶梅》为代表的大量反映这种荒淫生活的淫书则流行于世。当时道士和尚方士儒生，都有靠进献房中术而得宠得官、大富大贵的。而且越到末世，这种事情越多，而贞妇烈女也越多，可见当时的统治者，自己紊乱纲常，又要鼓励逼迫女子守节来推行教化，维护他们摇摇欲坠的封建统治，使大量女子成为这种局面下的牺牲品。

清代是中国封建社会的最后一个皇朝，也是社会变化最复杂的时代。由于统治民族是满族，便和元朝一样，族内婚姻中，保留了很多原始形态，如早期不以妇女贞操为重，婚姻不重礼法，有收继婚残留，有不讲辈分的政治联姻，清初孝庄皇太后下嫁摄政王多尔衮，更是被人传扬的清代宫廷大疑案之一。

但是清代贞节观念，比之明代，更为强化。连满族内部，本来不重守节的，后出于政治需要（清初入关征战，死了很多满族青年，为了让八旗子弟兵安心打仗，便鼓励他们的妻子守节），强调起寡妇守节来，比明朝更为严格。清代强调守节，甚至到了连未嫁女子都要为已死未婚夫守节的程度，可见其荒唐。

另外，清代满汉不通婚，满族也不娶小脚娘，皇族更是严禁娶汉族小脚女人，所以前代盛行的缠足陋习，在北方劳动人民中影响倒不大。如清代的东北妇女，常有以大脚自豪者，有一对乾隆年间从山东逃荒到东北的夫妻，丈夫姓于，妻子是大脚，后来丈夫死了，妻子非常能干，抚养几个儿子长大，最后一门“叔侄五进士，兄弟两翰林”，累世为官，在当地传为美谈。但是汉族仕女，通常还是要缠足的，所以，明清两代的汉族仕女，也大多是双足难行的残废。

女教的产生也和贵族仕女有关

秦汉时期，已经开始鼓吹贞节。作为伦理道德核心和基础的礼教，则是封建统治者褒奖贞节的前提和出发点。秦汉大一统的实现，宗法特征的加强，使统治者在封建伦理道德中抬升了忠孝贞的地位，并使之成为最基本的社会道德规范。

秦代秦始皇巡游天下，到处刻石鼓吹自己的丰功伟绩，其中有几处刻石提出了对男女贞节的要求：“贵贱分明，男女礼顺”，“昭隔内外”，“奸邪不容，皆务贞良”，“有子而嫁，倍死不贞。防隔内外，禁止淫佚”，“夫为寄猪，杀之无罪”。陈东原在《中国妇女生活史》中指出，秦始皇废封建为郡县，非但没有脱离宗法影响，反而加重了宗法的组织，因为社会日趋繁嚣，重宗法才可尊君抑臣，使皇帝安其君位。对贞节的重视也由此出发，因为尊夫和尊君、尊父都是一体的。秦以后的历代封建王朝强调贞节的宗旨，也在于此。

封建礼教的具体化是从汉儒董仲舒开始的，他明确提出了“三纲”(君为臣纲，父为子纲，夫为妻纲）的概念，并强调这是天经地义的原则，认为夫妻位次不可颠倒，“丈夫虽贱皆为阳，妇人虽贵皆为阴”，并用阳尊阴卑的理论印证人间的尊卑贵贱。汉代的刘向撰写了《列女传》，现存七篇，即母仪、贤明、仁智、贞顺、节义、辩通和孽嬖，前六篇里有五篇宣扬女性谨守女德的种种行为，只有辩通是以女性的才智为主，最后一篇孽嬖则是罗列历史上的淫女荡妇，表示批评谴责。刘向这篇《列女传》是后世各种列女传的滥觞，开头虽歌颂了各种轻生守节甚至与丈夫感情不好都要勉强从一而终的案例，当然也不止一种标准，虽强调节义，却内容宏泛，不要求女子面面俱到，只要有值得称颂就予以收录，比之明清后专重贞节的列女传，见解要通透些。刘向之后，本书主人公、东汉的著名女学者班昭作《女诫》，班昭本人是个青年守寡的孀妇，又是诗礼传家的贵族之后，极富才华，她续成《汉书》，又参与当时政事，是宫中皇后贵人之师，颇受时人敬重。班昭是第一个把束缚女性的规范给系统化、理论化、细则化的人，这篇1600字的《女诫》是各种女教、闺范的开山之作，她不仅继续倡导“三从之道”(未嫁从父、出嫁从夫、夫死从子)，鼓吹“夫有再娶之义，妇无二适之文”，极言男尊女卑的必要，还提出了“四德之仪”（德、容、言、功)，要求妇女曲事公婆，不能争是非曲直，要和悦叔姑，取得全家大小的欢心。此前礼教对女性的要求都是大面上的，理论上的，班昭则把这种要求细则化，制定了许多具体的规定，使其对妇女的束缚性大大加强，所以班昭被封建统治者视为“女教圣人”，也被反封建礼教者视为制造女性苦难的“千古罪人”。

当然，秦汉对贞节观念的鼓吹，其实也还停留在鼓吹阶段，虽然已有受其影响而出现的贞妇烈女，人数却不多，秦汉多年见于记载的才42人，远远少于后代，所以这个时期社会舆论更多强调男尊女卑、夫强妇弱，对后世片面突出的女子性贞的要求则相对宽松，社会上对离婚改嫁和夫亡再嫁都持宽容态度。

魏晋南北朝时期，有一些文人鼓吹贞节，如西晋末年的张华写过一篇《女史箴》，提出女子应当柔顺，而男子对妻妾不可专一，要保持若即若离态度，以免女子恃宠生骄。《北史·列女传》更是提出女子要想青史垂名，只有为男子守节一途。此外，先秦时代的诗歌，经常有对女性身体各部位的纯天然的赞叹和直接讴歌，而到魏晋时代以后，就代以对罗衣和首饰的赞美，这一方面是女子修饰更为工巧精致，另一方面也是贞节观念强调之后，对女性身体直抒敬慕之情会有轻薄之嫌。

魏晋南北朝是一个天下大乱的时代，一方面因为夫妻生离死别的多，婚姻中再嫁的现象非常多见；另一方面，因为女子在乱世中须托庇于男子，所以遭虐杀和被迫守节的也不胜枚举。如北齐时的世家贵族羊家，为使妇女守节，专门建造一个尼姑庵，女子夫亡之后一律送去出家为尼；又如北朝高聪临死前为了不让自己的十几个乐妓再嫁给别人，迫使她们全部烧坏手指，弄哑嗓子，出家为尼。

隋唐时期，贞节观念尤为松弛，无论皇家还是望族，都对女子再嫁习以为常。而唐代贵族闺房之中，更是常常发生淫佚之事，也并不受何处罚。一些官僚贵族夫妻，甚至各自找有情人，形成心照不宣的默契。比如《开元天宝遗事》中说到唐丞相杨国忠出使浙江，其妻却身怀有孕，生下一个儿子。等杨国忠回来，妻子告诉他这是因为思念甚深，所以梦见与他行房而怀上的孩子，杨国忠也认下这个儿子，对外说是夫妻情深所致。但是梦中有孕的说法荒诞不经，时人不信，都背后讥诮。这个故事表明，杨国忠夫妻间在性乱方面存在某种默契。其他社会上一般妇女私奔私通的事情，在唐人史书和笔记上，也俯拾皆是。这说明唐代女子常常享有和男子对等的婚外恋情的自由。

但唐代虽然实际情形中贞节观念很淡薄，但书籍却是有增无减，唐代史料记载的女教典籍，有长孙皇后编《女则》十卷，武则天命人治《列女传》，宋若莘撰《女论语》，侯莫陈邈妻郑氏编《女孝经》，刘氏著《女仪》，杨氏写《女诫》等等。这些女教典籍都是贵族女子所编著，其中宋若莘的两篇《女论语》影响最大，《女论语》分立身、学作、学礼、早起、事父母、事舅姑、事夫、训男妇、营家、待客、和柔、守节十二篇，面面俱到，可以说是一本力图推行教化的妇女指南，它四字一句，用语浅白又押韵，所以流传很广，在对女性的束缚上，提出种种琐碎规定，比班昭的《女诫》有过之而无不及。

唐代后期，藩镇割据，盛唐气象一去不返，仕必由进士，婚必为高门，成为社会时尚，统治者开始注重名节并倡导妇女守节，并通过诏令限制妇女再嫁。如唐前期公主淫乱者很多，皇帝一般佯装不知，而到穆宗时，有公主因此而遭到幽闭的处分。唐前期公主再嫁三嫁都习以为常，到后期宣宗时却规定“公主县主有子而寡，不得再嫁”。自唐代以后，已无公主再嫁之事，这说明唐代后期贞节观念回潮，对妇女的束缚趋于严格。

贞节观念在宋元时期，被抬升到新的高度，随着理学的逐渐形成而步步推进，最终成为理学的重要内容，出现了“存天理，灭人欲”和“饿死事小，失节事大”的说法。宋理学的鼻祖是周敦颐，他最早提出性命义理，指出完善人性修养必须“无欲”、“主静”。但是他并没有片面强调贞节观念，也没有突出“天理”和“人欲”的对立。二程兄弟是周敦颐之后理学思想的代表，他们提出“明天理，灭私欲”的说教，说孀居贫穷无托者也不能再嫁，因为“饿死事极小，失节事极大”。之后理学的集大成者朱熹也同样主张“存天理，灭人欲”和“饿死事小，失节事大”的说法，极端强调三纲五常，认为那是永恒不变至高无上的天理。当然了，宋代的理学当时就遭时人讥讽，并未取得文化核心的地位，其受推崇是在后来的元明清。所以宋代妇女虽然贞节观念加强，所受束缚增多，但整个社会对男女关系还是抱着比较宽容的态度，妇女再嫁很常见，并不算失节失德的丑行。宋代曾多次下诏，宗室女子只要不嫁为人妾，便可再嫁。

宋代许多大家族，有家规和家训，从中可见当时女子生活闺范之一斑。如南宋《郑氏规范》，里面规定女孩长到八岁，就应关在深闺，连随母亲到外婆家都不准许；诸妇做女工织纺时，要聚在一处，以利互相监督；媳妇娘家二老尚在才可归宁，否则不许回家探望；诸妇不得和丈夫家长以外的男子接触，不得请刀镊工剃面；诸妇必须待在深闺，无故不能出中门……除了严格内外的措施外，也有对妇女的保护措施，如不得溺女婴，子孙已有妻子的不得娶侧室，四十无子的才可纳妾一名。从这些严格规范中，可以看到当时妇女生活不自由的情形，而规范中种种严格内外禁止妇女和外人接触的措施，归根结底，都是为了防微杜渐，不令妇女有失贞机会。

《古今图书集成》中记载的宋代贞节妇女有274人之多，远远超过前代，对贞节妇女的分类也更细化，贞女、节妇、烈女、孝女、孝妇等称呼都已出现，守节的情形越来越复杂，这一方面是贞操观强化的结果，另一方面也是当时战乱，为抵抗外族（金军、元军）之辱英勇就死的女子也很多，所以不可一概而论。

仕女的经济与婚姻

古代仕女是一个颇为特殊的群体。仕女一词，旧指生于并嫁与贵族或官僚家庭的妇女。她们深居内宅，属社会封闭型的人。优裕、安定的生活，使她们不必为衣食操劳。她们有充沛的自由时间随自己的兴趣修饰服饰妆容、钻研织绣女红，而家庭的环境也使她们能有更多接触文化艺术的机会。受到父辈兄弟的影响，她们中的许多人可以研习诗词文章和书法绘画，甚至有可能接触政治军事等一般来说是男人涉足的领域。

仕女在古代女子中无疑是比较出色的群体，由于这些美丽而兼具智慧的女子，古代女性才得以甩脱“柔弱”“无才”“卑微”的标签。但是也正由于非富则贵的家庭环境，她们的生活和价值观更容易受封建礼教的支配。

婚姻是古代女子最重要的人生大事，仕女当然也不例外。不仅结婚后的生活全都是婚姻生活，甚至在出嫁之前，女孩子们都早早地在为结婚做准备了——学礼仪，学女红，学厨艺，以便日后一嫁到婆家就能承担起做妻子的责任。为人妻母，就是大多数古代女子的终身职业。

而女子在婚姻中的地位跟她们的经济地位密切相关，所以，谈仕女的婚姻不能不谈仕女的经济地位，谈仕女的经济地位也不能不谈仕女的婚姻。

我国有几千年的文明史，虽然文化传承源远流长，很多习俗经久不变，然而在漫长的岁月里，广阔的国土中，庞大的人群里，人们的婚姻观，还有关于婚姻的法律法规，现实中的婚姻状态，婚姻中女子的经济地位等，都是千差万别富于变化的。

谈到婚姻，大家都知道我国有句俗语，称婚姻为“终身大事”，可是人为什么要结婚呢？

有人说，结婚是成年男女生理上的自然要求，正如古人所说的“食色，性也”。但这种先天本能的需求，动物也具备，人类结婚的目的更有其后天的文化价值。

父系社会的家族基础建筑在男子权力上，他们为了自己的财产得到合法继承人，需要结婚生子；为了保持纯种子孙，又要求妻子守贞；为了满足自己的欲望，又过着多妻制生活。我国古代婚姻的规律，也大致如此，不过更具有中国特色而已。关于结婚的目的，春秋时就已差不多确立了，一共三种：祭祀、继嗣、内助。

自周代以来，宗法制度已经形成，一家大权，统归父祖，以孝治天下。所以娶妻的首要目的就是找个老婆来伺候公婆，公婆死了则要负责祭祀。所以虽然是小伙子自己娶老婆，但如果老婆不得父母欢心，那就是犯了七出之条，该休妻了。另外，祭祀礼很隆重，要夫妇同祭，丈夫负责宰杀切割牲口，妻子负责准备粥米酒浆。所以女孩子十岁就要跟保姆学礼仪，学针线活，并观摩祭祀礼，学习怎么供奉祭品，这样将来嫁出去后才不至于手忙脚乱什么都不会。如果女子有恶疾，那就不能参加祭祀了，因为祖先会不喜欢。所以妇有恶疾，也是七出之一。

古人以为，“不孝有三，无后为大”。因为无后嗣则宗庙绝，继嗣废，香火断了，祖先全成了饿鬼。所以特别强调多子多孙为福，因此“无子”也成为七出之一，生不了儿子的老婆可以休掉，而即使老婆生了儿子，为多子多福计，也不妨多娶些小老婆回来“广继嗣”。当然了，娶小老婆，大老婆总是不大愿意的，但是不要紧，大老婆如果不愿意给老公娶小老婆，那就是“妒”，妒也是七出之一，可以休掉。当然了，儿子越多越好，可一定得保证这儿子是自己的，所以老婆一定要守贞，不能有情人，否则就犯了七出之一的“淫”了。

古人管妻子叫内人，现在还有管老婆叫“贤内助”的，娶妻就是娶内助。在自然经济的封建社会里，男耕女织是家庭的物质基础，娶老婆就是要她来干活的，这是结婚的首要目的。当然了，本书讨论的仕女阶层一般不需要经常做体力劳动，但是她们也要主持家事，孝顺公婆，抚养子女，辅助丈夫。这种婚姻的目的全以男子为主，所以“男以女为室，女以男为家”，妻子在家中居于“内助”的从属地位。既然是内助，那么内助没做好也可以休掉，比如多言、窃盗，都是犯了七出之条。其中，多言指的是“离亲”，比如妻子想跟丈夫一起成立小家庭，要与丈夫的兄弟分居，或者谈论是非，尤其是议论丈夫家的家人，都算“离亲”；窃盗并不是指“捉贼拿赃”的那种盗窃罪，而是对家里财物保管不周，或是公婆在家里丢了东西，都可以用“窃盗”的名义休掉媳妇。

所以总结起来，“祭祀、继嗣、内助”这三条结婚的理由其实都是男人结婚的理由，是结婚给男人带来的好处。而“不顺父母、无子、淫、妒、恶疾、多言、窃盗”的“七出”之条都是女人在婚姻中要注意规避的风险。古代婚姻制度是以男人为中心设计的，女人的风险大而收益小，那么女人为什么要结婚呢?

“丝萝托乔木”是古代流行的一个比喻，说的就是古代女子的结婚目的。古代女子没有经济自主权，所以要终身有托，就必须嫁人，依附于男子。当然也有不少经济能自主的特例，但大部分人还是不得不走上嫁人生子一途。

先秦时女子自己也是有些经济能力的，她们的私产主要是自己的嫁妆和在夫家积蓄的私房钱，《韩非子》里甚至说到有婚前父母教女儿攒私房钱的习俗：“卫人嫁其子而教之曰：必私积聚。”

经过春秋战国的漫长征战，秦国统一了天下。战国时期的秦国，在商鞅变法之后，就已开始组织妇女为国效力，连军队都是“壮男为一军，壮女为一军，男女之老弱为一军”。在奴役她们的同时，也准许妇女有自己的私产，这些私产包括妇女的嫁妆和她们在夫家积蓄的私房钱，所以秦国妇女的经济地位不错。最出名的是四川一个名叫“清”的寡妇，她家在巴郡世代经营朱砂矿业，成为当地富户。清善于经营，是一家之主，为了保住自己的财富地位，一直没有再嫁，也有人说她正是因为有了巨大的财富，才能以财自守，不必再嫁人而保住贞节。

汉代女性的地位

每一个历史时期的文化形态，大都具有表现出独特个性的时代风格。而在大汉王朝这个中国历史上的重要时期。高度集权的政治体制基本形成，并且经历了多次社会动荡的历史考验而更为完备。其女子的地位，女子的作用，女子的权利保障，与其他若干历史时期，在某些方面有明显的不同。

汉代是中国历史上的重要时期。在汉代，妇女的地位和作用，与其他历史时期相比，特别是被人们认为比较典型地体现出中国传统文化特色的宋明时代，在某些方面有着很明显的不同。

汉代女性相对还是比较开放的，儒家礼教的对女性的禁锢教条尚在初级阶段，汉武帝时期不分尊卑任用人才也是一大执政特色。汉代女人可以协议离婚，寡妇可以再嫁、情侣可以私奔。

说到女子的地位，就像提起唐朝就想到武则天一样，大家首先会想到的就是家喻户晓的吕后专政故事。吕后出身高贵，和刘邦的卑微身份是十分不相配的，她多谋而果断，帮助刘邦吞并天下以后，又努力协助刘邦翦除异姓诸侯王，她怂恿刘邦处死韩信，又力促刘邦夷灭彭越宗族。刘邦死后，她的儿子当了皇帝，就是汉惠帝。汉惠帝死后，吕后临朝称制八年，擅权用事。汉朝这种所谓“母党专政”“权在外家”的情形屡有发生，从而大大提升了女子的社会地位。于是，就出现了汉朝女子尊贵的特殊的历史文化现象。

在汉朝，有名的女子不但可以封侯，还可以拥有爵位和封邑。例如，高祖刘邦封哥哥刘伯的妻子为阴安侯。吕后当政，封萧何的夫人为邓侯，樊哙的妻子吕媭为临光侯。汉文帝时，又赐诸侯王女邑各二千户。汉武帝也曾经尊王皇后的母亲臧儿为平原君，并封王皇后和前夫生的女儿为隋成君。汉宣帝刘询赐外祖母号为博平君，以博平、蠡吾两县户万一千为汤沐邑。东汉时期，光武帝刘秀的儿子刘疆因为无子，3 个女儿都被封为“小国侯”，以致刘疆终生感激。两汉史籍所记载的这样女子封侯封君的事多至 30 余例。

汉武帝是武功卓越的帝王，他的文治武功名扬千古，被后代的皇帝们奉为明君，但是他也不能完全避免这种情况的出现，或多或少地受到了他的妻子们的影响。例如在青史留下盛名的抗击匈奴的英雄人物卫青就是以皇后卫子夫同母弟弟的身份而被任命为大将军，霍去病则是以卫子夫姐姐的儿子的身份被任命为骠骑将军，李广利则以汉武帝所宠幸的李夫人兄长的身份被任命为贰师将军，汉武帝时代的这三位名将都是由女宠而获得擢升，这也可以反映出汉代妇女对政治生活的重要影响力。

汉朝女子尊贵现象也使女子在婚姻关系和家庭生活中占据较高地位。汉朝的公主蓄养面首也是天经地义的事情。汉武帝的姑母馆陶公主刘嫖寡居，她宠幸一个叫董偃的人，城中的人都因此尊敬地称呼董偃为“董君”。董偃还建议馆陶公主把自己的长门园献给汉武帝，汉武帝因此而大悦，在去探望馆陶公主时，尊称董偃为“主人翁”，君臣相见欢饮，于是一时间，“董君贵宠，天下莫不闻”。这种被后世的人认为是有伤风化的败德之举经过了皇帝的承认，反而得以合法化了。

汉家公主不避讳私养情人，天子也对这种情况安之若素，朝野上亦是司空见惯。皇族妇女的这种行为能够堂而皇之地面对社会，是有一定的历史文化背景为条件的。由于皇帝的姑母寡居时候可以肆无忌惮的与情夫同居，因而使当时寡妇再嫁成为自然而合理的事情。据史料记载，汉武帝的姐姐平阳公主初嫁曹时，再嫁卫青；汉宣帝的女儿敬武公主初嫁富平侯张临，再嫁临平侯赵钦，赵钦死后，又嫁给高阳侯薛宣；汉元帝的冯昭仪之母初嫁冯昭仪父，再嫁郑翁；汉桓帝刘志的邓皇后之母初嫁邓香，再嫁梁纪等等。可见，在汉朝的皇家内院，寡妇再嫁犹如家常便饭。

在当时的上流社会，寡妇再嫁也是很自然而合理的事。史书记载的社会上层妇女比较著名的实例，就有薄姬初嫁魏豹，再嫁刘邦；王媪初嫁王更得，再嫁王乃始；许靡初嫁韩宝，再嫁淳于长等。

汉光武帝时，皇帝的姐姐湖阳公主新寡，刘秀有心观察她的心意，好再为她安排婚嫁。公主大大方方地回答说："宋公威容德器，群臣莫及。"明白表示出对大司空宋弘的德才与仪表的爱慕。刘秀也愿意撮合，不惜亲自做一次媒人。据说，刘秀后来专门为了此事接见宋弘，并让公主坐在屏风后面，劝宋弘说："都说人尊贵了就会换朋友，富有了就会换妻子，这也是人之常情吧?"宋弘也早已经对这件事有所耳闻，这时就从容地回答说："我只听说过贫贱之交不可忘，糟糠之妻不下堂。"刘秀知道了他的意思，就返回去对公主说："这件事不成了。"在对这件事的记载中，虽然宋弘拒绝了皇帝想安排公主下嫁的暗示，事情最终没有成功，但是湖阳公主敢于主动追求有妇之夫的行为也给人们留下了深刻的印象，可以看作是反映当时社会风尚的重要信息。

汉代出现数位皇太后如汉文帝之母薄姬、汉武帝之母王姬都是再嫁之身，堂而皇之地做国母，无人以为异。女子再嫁三嫁，亦是不绝于书。据称，嫁人次数最高者大约是宰相陈平的妻子，嫁给陈平已经是她的第五次婚姻。可以想象当时社会实不完全以再嫁为非。

《汉书·张敞传》说，汉宣帝时京畿地区最高行政长官京兆尹张敞，甘心为妻子画眉，画的眉样还颇好，一时传闻京中。于是有了所谓"张敞画眉”的典故，成为形容夫妻和美的最佳写照。张敞的这一行为还曾经被有关部门举奏给皇帝，皇帝也很好奇，还曾经亲自询问。

在日常生活中，直至东汉初年，男女交往仍是相当自由的。民间因日常工作的需要，也不可能严行男女之防。

在称呼上，有以母亲姓氏来称呼皇族子弟的习惯。汉景帝的长子刘荣就因为母亲是栗姬，而被人们称为“栗太子”。汉武帝的儿子刘据被立为太子，因为他的生母是皇后卫子夫，所以又被称为“卫太子”。刘据的儿子刘进，因生母为史良娣，所以又称作“史皇孙”。汉代的平阳公主也随母姓，号为“孙公主”。汉灵帝的儿子刘协，也就是后来的汉献帝，因为由董太后亲自抚养，称“董侯”。淮南国太子有时被称为“蓼太子”，据说“蓼”也是“外家姓”。这一现象不仅表现在皇族，例如汉朝的开国功臣夏侯婴的曾孙夏侯颇娶了被称为“孙公主”的平阳公主，以致后世“子孙更为孙氏”。

在建筑上，考古学发现，汉代长乐宫出土壁画的房间的地面是完全“涂朱”的。史载“土被朱紫”，在中国古代是规格非常高的房子。汉代宫廷中也只有皇帝级别的人才能用。但是这种涂朱的房子却从太后居住的长乐宫中出土，汉代女性地位可见一斑。

但是自东汉安帝开始，情况发生了变化。

朝廷每每褒奖“贞妇”，安帝、顺帝和桓帝在改元赐民爵、粟、帛时，贞顺都是褒奖之列。

西汉成帝时，著名儒家学者刘向编校《列女传》一书，力主女子不宜专擅，应以三从为尚，同时刘向亦认为女性须“明是非，懂礼仪”，他在书中列举汉代以前足资女性效法或鉴戒的女子，分为母仪、贤明、仁智、贞节、辩通、孽嬖等类，可见以刘向为代表的汉儒是要求女性修善去恶，培养多方面才德的看法。

公元119年汉安帝“诏赐贞妇有节义谷十斛，甄表门闾，旌显厥行”。一次贞洁，全族荣耀。女子的克己牺牲可以换来家族虚荣心的满足。

上行则下效，硕儒显宦为了迎合当权者的贞操观念，大书特书，推行贞洁。

本书的主人公、东汉的女性学者班昭著《女诫》一书，认为女子应当以协助夫家为先，又拟出一套为人妇者应以“敬慎”“曲从”的态度来事奉舅姑和丈夫的行为准则。《女诫》一书，对女性的要求及其在家庭、社会中的身份工作更为明确。

由此可见，在封建社会的第一个鼎盛时期——汉代，妇女有一定的社会地位，男女之间的恋爱也比较自由，但是毕竟是封建社会，男权占绝对的主流，儒家学说也对妇女地位一再压制。到宋朝的时候程朱理学已经把三从四德、三贞九烈的思想灌输到整个社会，相对于宋朝以及以后的明清两朝来说，汉代女子还是比较幸运的。

总体而言，两汉时期，是中国由奴隶社会向封建社会过渡的一个重要的转折时期，而这个转折时期也赋予其女性鲜明的时代烙印：一方面，当时封建社会刚刚确立，封建礼制尚未完备，以推崇男性至上的儒家文化对女性束缚的思想还未发展到登峰造极的地步，残存于世的氏族传统对人们的行为、态度在某种程度上依然起着规范性作用，女性所受封建礼制的羁缚较后世少，她们仍然是较自由、开放、活跃的；另一方面，“随着儒家伦理思想的风行，女性之地位及其角色扮演，有逐渐被造成为男性附庸的趋势”，这一时期逐渐确立了儒家文化的统治地位，而儒家文化所倡导的男尊女卑思想使得这一时期女性的社会活动受到诸多束缚，地位不断下降，对男性的依附日益严重。

第二章

家学渊源，班氏家族才俊辈出

班昭家学渊源，其家族人才辈出。朝廷大臣、后宫贤妃、文史大家、征战名将，班氏家族的才俊们活跃在历史的多个画面。生活在这样的家庭，班昭能够成为一代“女教圣人”便不足为奇了。

班昭始祖，子文出生

班昭的祖先源于南方的楚国，始祖是春秋时期楚国的令尹子文。

传说在远古时代，南方蛮族中的黎族和苗族首先进入中原一带。后来进入中原地区的是原居住在西方的西戎羌族的一支游牧部落炎帝族。炎帝族与九黎族发生了长期的部落冲突，后来逃避到涿鹿（今河北省涿鹿县东南，一说在今河北省宣化东南），求助于来自西北的游牧部落黄帝族，攻杀九黎族的蚩尤，黄炎两族开始联合，共同对抗强大的苗族。后来，黄帝、炎帝、东夷以及黎族和苗族的一部分逐渐融合成中原的华夏文化，到禹做大酋长时，对苗族的战争取得了重大胜利，苗人被迫退到长江流域。苗族退到南方后，势力仍很强大，占据地域也十分辽阔，西起洞庭，东到鄱阳，以今天湖北湖南一带为中心，形成了一个由无数小国组成的庞大的部落联盟，其中势力最大的是荆楚。当时的“国”是指都城而言的，所谓“一国”，就是由一个氏族占据的一个寨子或一座城，氏族首领就是这个寨子的寨主或者这个“国”的国王。有的氏族发展为部落，拥有众多的城郭，形成了以宗族血缘为纽带的城市联盟。在南方各个部落中间，荆楚拥有的城市最多、地域最广，因而宗族也最强，成为苗族部落的领袖。周武王伐纣时，苗人加入周军作战，立有战功，后来成王即位，分封文王、武王时期功臣的后代，荆楚的头人熊绎被封为子爵。西周时期，熊绎的子孙不断吞并周围其他氏族或部落的小国，拓展土地，楚国势力更加强盛，成为中原华夏各诸侯国的劲敌。西周末年，楚王熊雩生子熊仪，命名叫若敖，若敖的后代成为班昭的祖先，所以班昭的哥哥班固说："班氏之先与楚同姓。"

若敖曾娶邱国之女，生子叫作斗伯比。当时，不论南北，都盛行宗法制度，这个制度的目的是确保家长、氏族首领乃至国王的财产和权力永远由嫡长子，也就是正妻所生的最年长的男孩继承。它的具体规定是这样的：一个男子离开原来的氏族迁居新地，对于后代来说，这个人就是"祖"，他死后，产业和权力由嫡长子继承，嫡长子代表了死去的祖，成为同辈弟兄以及后代团结的核心，因此叫作"宗"，即为同族宗仰的意思。祖的其他儿子有的也是正妻所生，称嫡子，有的为姬妾所生，称庶子，统称余子，他们不能继承死去父亲的权力，却可通过分封的形式得到一定数量的财产，建立自己的家庭，发展自己的氏族，甚至修筑城郭，成为隶属于长兄（宗子）的小国国王，对于他们来说，继承父亲权位的嫡长兄是大宗，自己则是小宗，大宗的嫡长子永远是大宗，小宗的嫡长子对于本氏族而言也是大宗，但相对于大宗而言则是小宗。由此看来，不论嫡庶，每个男子都可以成为祖（别子为祖），但只有嫡长子才可以成为大宗（继别为宗）。按照规定，大宗继承遗产和权力，有资格立祖庙（祠堂），主持祭祀祖神的仪式，小宗只能列席陪祭。大宗再按嫡长子立为大宗的原则传下去，这样，祖宗开创的基业就只能扩大，不易缩小。小宗五世而斩，虽受分封，但由于贫富强弱不同，有些分封则属象征性的。小宗一般都要另立门户，凭着自己的奋斗去开创新的家业，发展自己的氏族。若敖死后，儿子熊坎（或作熊菌、熊钦）继承王位，成了当然的大宗，而作为庶子的斗伯比，只好跟着母亲回到外祖家的郧国（今湖北省安陆），打着若敖的旗号，去开创自己的家业。

斗伯比就是班昭始祖子文的父亲。说到斗伯比的后代之所以姓班，就必须说一说关于子文出生的一段动人故事。

楚霄敖元年（公元前 763 年），斗伯比跟随母亲来到郧国。郧国地处千里泽国云梦北端的江汉平原上，又称两湖平原，这里水道曲折、河网交织、湖泊密布，云气蒸腾，充沛着勃勃的天然生机。在这温润的丽水芳草之间，斗伯比热恋上了郧国国王的女儿，两人经常外出幽会，不久，郧家的女儿怀了孕，生出一个男孩，姑娘的母亲郧夫人发现了这件事，她非常生气，命人把刚刚出生的婴儿弃置在百里之外的云梦泽中，谁知苍天有眼，婴儿命不该绝。一天，郧国国王到云梦打猎，无意中发现一只雌虎正在为这个婴儿哺乳，他异常惊骇，回到家里犹惊魂未定，这时，夫人才把实情告诉了他。国王马上下令把孩子抱回来收养。这个婴孩不是别人，正是班昭的祖先，后来成为楚国最高军政长官令尹的斗子文。楚国的方言把哺乳的“乳”字读作“谷”，称虎为“於菟”，郧子给抱回来的这个婴儿取名叫“斗谷於菟”，意思是“斗家这个由老虎哺乳的婴儿”，并把自己的女儿正式嫁给斗伯比。子文长大成人以后，为了纪念这件事并报答“虎母”的哺育之恩，给自己的儿子取名叫“班”，班在楚语中就是虎的意思。这就是班昭的祖先以班为族名的来历。

楚俗迷信神灵，兽王怜子育班的故事不但为若敖斗氏家族涂上了一层神秘的色彩，就连斗氏自己也深深为之感动，伯比的机智和宽厚与对虎的尊崇和膜拜是分不开的；子文的怜己及人、忠孝爱民更是出于对“虎母”的报恩和虔敬。

楚武王三十七年（鲁桓公八年，公元前 704 年），斗伯比的侄儿熊通自称武王，专力攻伐华夏诸侯。在此前两年（公元前 706 年），楚武王侵随（今湖北省随县，在郧国北），斗伯比正在楚国王室服务，他劝武王故意使自己的军队显出疲惫不堪的样子，以麻痹随国前来谈判的代表少师，诱使随国放弃联合周围小国的政策，单独向楚军发动进攻，少师果然上当，怂恿随侯向楚军发起进攻，不料斗伯比的妙计却被随国贤臣季梁识破，他告诫随侯修明政治，以民为本，团结同宗兄弟各国，结果斗伯比未敢轻举妄动。两年后，随国的少师得到随侯的宠幸，斗伯比抓住时机，建议武王立即行动，少师也敦促随侯贸然进攻，结果随军大败，随侯逃遁。楚大夫斗丹在阵前缴获随侯乘坐的战车并俘获与随侯共乘的少师。这年秋天，随国提议讲和，武王不许，斗伯比劝道：“我们抓住了少师，这是上苍替随国除掉一个祸害，这样，随国就更不可灭亡了啊!”武王接受伯比的意见，与随结盟而归。

又过了五年，楚国派屈瑕攻伐罗国（今湖北省宜城西 20 里），出发时斗伯比前往送行，回来的路上对车夫说：“屈瑕注定要失败，因为他趾高气扬，心不专一。”他晋见武王，请求派兵增援，遭到武王拒绝。武王的夫人邓曼却认为斗伯比的建议很有道理，力劝武王发兵，可是已经迟了，援兵还未赶到，屈瑕已经大败，自缢于荒谷。武王不得不承认自己的过错，后悔未听从斗伯比的意见。从这几件事可以看出斗伯比深知骄兵必败的道理，熟谙诱敌深入、欲擒故纵的战略战术，而且还满怀正义的情感。

子文深受其父的影响，他的一生，仁慈勤勉，鞠躬尽瘁，表现了高尚的德操。楚成王八年（鲁庄公三十年，公元前 664 年），楚国公子元伐郑归来，随即占领王宫。当时斗廉任射师之职，劝公子元按礼行事，却被囚禁。这年秋天，子文的儿子，当时任申公的斗班击杀公子元，子文出任楚国最高军政长官令尹，毁家纾难，使楚国渡过难关。楚成王十一年（鲁僖公五年，公元前 655 年），子文灭掉弦国（今河南罗山县东淮河南）。楚成王三十二年（鲁僖公二十年，公元前 640 年），随国联合汉水以东诸侯叛楚。冬，子文率师伐随，取成而还。楚成王三十五年（鲁僖公二十三 年，公元前 637 年）秋，楚国大将子玉率师攻伐陈国，夺取焦邑（即谯，今安徽亳县）、夷（即城父，今亳县东南），在顿（今商水、项城之间）筑城而还。子文认为子玉立了大功，于是主动提议把令尹的职位让给子玉。大夫蒍吕臣不同意，子文却说："我这样做是为了国家的安定啊！有大功的人若不赏以高官，心里能满意么?有功不赏而又无怨，有几个人能做到呢?"

子文为政勤奋，治军有方，任内多次率师出征，为楚国拓展封疆做出了重大贡献。他担任令尹 28 年，几度让贤，表现了以国事为重，不计个人得失的高尚情操。更可贵的是他清正廉明，具有深厚的民本思想。成王听说子文家里生活清贫，早上吃了，不敢保证晚上有没有，每上朝时便准备食物送给子文。成王发给子文俸禄时，子文总是躲过，直到成王明令制止，他才返回来领受。有人对子文说："人生的目的就是追求富贵?可你却逃避它，这是为什么呢?"子文回答说："从政的目的是为了保护人民，人民有那么多贫困的，而我却要富贵，这不是劳民而养肥自己吗?这样做是要自取死亡的啊！我逃避的实在是死亡，哪里仅仅是逃避富贵啊！"

子文不仅对己约束严格，对族人也从不放纵。他有个弟弟叫子良，担任楚国的司马，是高级军事长官。子良生子越椒时，子文对他说："一定要把这个孩子杀掉，你看他生得熊虎之貌，豺狼之声，若不除掉，将来必会毁灭我若敖家族。谚语说'狼子野心'，这个孩子就是狼啊，怎么可以养在家里呢!"子良自然不会听从哥哥的这番劝告。子文一直为此事而感到悲伤和不安，临终时，他召集族人说："子（越）椒从政了，你们快离开吧，不要等到灭顶之灾降临。"说到这里，他老泪纵横，泣不成声："人死后变成鬼，鬼也要吃东西啊，可是我若敖家族的鬼恐怕要挨饿了吧!"意思是说若敖家的祖宗无人祭祀了，因为后代就要灭亡了。后世用"狼子野心"来比喻凶暴之人野心难制，用"若敖氏之鬼"或"若敖鬼馁"来指无子绝嗣，这两句成语即源于子文的故事。·

子文死后，长子斗班继任令尹，侄儿子越椒任司马。后来奸人蔿贾任工正（管理王室工业的长官），他替子越椒出谋划策，诬告斗班，将他杀害。然后子越椒又挑唆若敖氏族人将蔿贾禁闭于楚邑缭阳（今河南南阳市西北），把他杀死。子越椒在烝野（今湖北新野）聚集兵力，准备攻击楚庄王。楚庄王九年（鲁宣公四年，公元前 605 年）农历秋七月戊戌日，庄王与子越椒统率的若敖氏族在皋浒（今湖北省襄樊市西北）展开激战，越椒张弓搭箭，射击庄王，第一箭飞过车辕射中行军乐器“丁宁”上，第二箭越过车辕穿透了华盖，庄王得了这两支箭，便派使者通知军队说：“我的祖先文王攻克息国（今河南省息县西南）时曾得到三支箭，其中两支被越椒盗去，赃物就在这里!”于是群情激愤，击鼓进军，终于消灭了若敖家族。

子文去世了，宗子斗班则被小宗越椒杀害了，越椒又连同整个若敖家族被庄王镇压了，如此说来，班昭的祖先不是灭绝了么？又哪里出来的后代班氏家族呢?说来也巧，上天不绝班氏。原来斗班有个儿子叫克黄，任箴尹之职，是个文官，越椒内乱前，他出使北方的齐国，完成使命回国途经宋国时得知越椒为乱的消息，随行人员都劝他流亡国外，不要回到楚国去，可他却说：“丢弃君主的使命，让谁来接任呢?君主犹如上天一样广大，人能逃离上天的覆盖吗?”于是毅然返回楚国，向庄王汇报了自己的使命，随后向司法长官自首，任凭庄王处置。庄王念及子文治理楚国的功绩和克己尽忠的伟大人格，由衷地感慨道：“若让子文无后，我们还用什么来鼓励人们行善呢?”于是下令释放克黄，让他继承子文和斗班的家业，并为他改名叫“生”，意思是让子文的后代生生不息，传之久远。

80年后，楚灵王穷兵黩武，遭致乾溪之难。灵王死后，楚国宫廷内乱，最后平王运用阴谋杀害两个国王，夺取王位。在这期间，克黄的后代曼成然帮助平王铲除异己，起了关键作用，被平王任命为令尹，斗班家族又一度显赫起来。可惜好景不长，曼成然因为对平王有恩，居功自傲，不知节制，贪求无厌，在平王即位的当年（鲁昭公十四年，公元前528年）九月甲午日被平王处死。平王为了表示不忘曼成然的犬马勋劳，封他的儿子斗辛为郧公。此时的郧已不再是子文外祖父做郧子时的郧国了，它已成为楚国的一个地方行政区域，类似后代的郡县，斗辛所任的郧公，就像后世的郡守县令之类的地方行政长官。楚昭王十年（鲁定公四年，公元前506年），吴国伐楚，进入楚国郢都，昭王逃奔到郧，这时的斗辛担任郧公已经22年了。他的弟弟斗怀主张乘机杀掉昭王，替父亲报仇。他说："当初平王杀死我们的父亲，如今我杀掉他的儿子，不是正合情理么。"斗辛却以君臣大义来开导弟弟："作君主的处罚臣子，谁敢把他当作仇人看待呢？君主的命令就是上天的意志，我们的父亲触犯上天的意志而死，我们能仇恨谁呢？《诗经》说：'切莫因为柔软就吞噬它，切莫因为刚硬就吞出它，莫要欺侮鳏寡之人，莫要畏惧强暴之人，只有仁者才能做到这点。躲避强者欺凌弱者，这不是什么勇敢的行为。乘人势孤危急时落井下石，这也不是仁义的行为。'弑君辱国，必招宗族毁灭、祭祀断绝的灾难。这对不起祖先，是不孝的行为，不会有好名声，而且也是非常愚蠢的。假如你一定要这样做，那我就先杀掉你！"接着，他又用祖先忠孝两全的光荣历史来劝诫弟弟："我们的先人以惠行辅佐楚王，在诸侯间一直享有盛誉，自斗伯比以来从未有过闪失，如今你这种想法会毁坏我们宗族的名誉，这是万万使不得的啊！"斗怀终于未能杀掉昭王。后来，斗辛和弟弟们一起陪着昭王逃往随国。第二年，吴军因争夺楚国宫中美女宝物而发生内讧，楚国的申包胥请来秦国军队，击败吴师，昭王这才返回郢都。他奖赏一同逃亡的有功人员，有斗辛，也有斗怀。子西感到非常气愤，认为当初斗怀曾经图谋不轨，不应受赏，不料昭王却说："斗怀的功劳是主要的，错误是次要的，我这样做合乎规律。再说他们兄弟或者忠于君主，或者孝于父亲，这都是合乎礼的行为啊，我奖赏他们，有什么不可以呢？"

从斗伯比到子文，从克黄到斗辛，两百年间，忠孝仁义、廉洁奉公已经成为班昭祖先的传家美德，孔子称赞子文是"忠"的楷模，这个"忠"字包含了非常广泛的内容，但不管是忠于君上，还是克尽职责，班昭的先人都是当之无愧的。

婕妤德美，树立榜样

班昭的祖先是楚国的贵族，春秋时代曾几度发达，居于显赫的地位，随着时世的沧桑，也曾一度沉沦，直到西汉后期，班昭的姑祖入宫为婕妤，家族才又一次发迹。

从春秋到战国乃至秦汉时代，中国社会正经历着一场极为深刻而又异常广泛的社会变革，这次变动涉及社会生活的各个领域，也触动了几乎所有的家族和人们。这场变动的根本原因是生产工具的巨大进步，其最突出的表现就是铁器的推广使用和牛耕的兴起。在此基础上，农田水利事业得到了迅速发展，春秋战国时期，各国开渠灌田并利用机械引水浇地，到秦汉时期，除南方外，北方也发展起了水利工程，一些干旱地区多砌水井，“坎儿井”就是汉武帝时发明，后来传到西北和川黔云贵地区的。同时，耕作技术也大大改进，工业、建筑业也得到长足发展。

社会物质文化的变革把这个时期与西周时代判然区别开来，并引起社会制度和风尚礼俗的巨大变化。工具的进步不仅给生产和生活带来了便利，也促使军事迅猛发展，很快就打破了西周时代诸侯之间的平衡和沉寂。兼并战争越演越烈，强者愈强，弱者愈弱，直至灭亡，延续了两三千年之久的宗族城市国家，在短短的二三百年中迅速地合并、减少，春秋时期知名的诸侯国有数百个，到战国时只剩下二十几个，而真正独立、具有影响的，只有两个。各国在各自控制的区域内吞并异姓小国的同时，对这些新征服的地区不再分封小宗，而是派出官员直接管理地方事务、征收赋税。随着国家的不断扩大，这种由中央直接统治的地区也在逐渐壮大，这就是中央集权的官僚政体。这种制度给各国公室带来了巨大财富，增强了君主的权力，也使国力更加集中、强大，在兼并战争中发挥了积极作用。

进入战国时代，各诸侯国的君主为了赢得战争，又把矛头指向了同姓贵族，纷纷开展了变法运动。他们奖励军功，发展农耕，打击贵族势力。秦国的商鞅更明文规定废除由宗族控制的井田制度，土地可以自由买卖，他还强迫农民子弟分家析产，独立经营，以便增加纳税户口，这样，宗族制度就进一步遭到破坏，新型的家族或家庭制度在君主专制主义的中央集权官僚政体的保护下渐渐成为社会的主体。旧的宗族有的还存在，有的则徒具形式，汉朝以后，虽然有时由于皇帝的扶持而一度恢复（如汉高祖大封同姓诸侯国，晋武帝分封同姓诸王），有时甚至垄断地方经济政治乃至于干涉朝政、废储立君，造成军阀混战、割据分裂的局面，但它究竟不再是历史的主流，只能作为一股逐渐逝去的逆流，就像春天里的北风，一次比一次弱小，直至没落和消失。

班昭的祖先正处在宗法制度崩溃的历史时期，曼成然担任楚国的令尹，斗班家族又一次爬上权力的巅峰，但不到一年，随着曼成然的被杀，班氏祖先靠宗族的势力攫取楚国公室最高权力的可能就不复存在了，斗辛被任命为郧公，成了楚王的良臣，尽管仍旧称作班氏的宗子，但毕竟已经丧失了宗族赖以发展和继承的国家以及政治上的特权，此后的情况很可能就江河日下，一日不如一日了。

秦始皇统一天下后，曾强令六国旧贵族和豪富 12 万户迁居咸阳。始皇三十二年（公元前 215 年），又派遣将军蒙恬发兵 30 万北击匈奴。第二年取河南地（今河套及甘肃省黄河以南），筑第 44 个县城，迁徙内地“罪人”去居住。始皇末年，作为楚国贵族后裔的班壹避地于楼烦（今山西省宁武一带），很可能与这两次移民行动有关。不久，班昭的先人又在畜牧业上大显身手，马牛羊成群，达数千头之多。

秦朝奉行商鞅的法家政策，一味追求物质财富，发展耕战，不爱惜民力。秦始皇时代，建阿房宫、掘陵墓、筑长城、修驰道，天下民力征发殆尽。二世皇帝胡亥更是变本加厉，用严刑峻法维持他的残暴统治。秦朝不可避免地被人民大起义的洪流所吞没。班壹当时身居北边，没有受到多大影响。汉朝统治者以秦为鉴，统一天下后，立即废除秦朝的苛政，实行无为而治的政策，取消各种禁令，与民无争，任百姓休养生息，发展生产，积财致富。惠帝、吕后当政时，班壹以牧业积累财富，成为北边雄豪。他每次外出打猎，都是旌旗蔽日，鼓号震天，十分壮观。他养颐有福，年逾百岁，成为当时有名的老寿星。当地人民多羡慕他的富裕和高寿，为了吉祥，许多人为自己的孩子取名叫作“壹”。

班壹的儿子班孺行侠仗义，州郡人民都歌颂他。到班孺的儿子班长时，班家再次跻身统治者的行列。班长担任上谷郡（今河北省张家口、怀来一带）的长官。班长的儿子班回以“茂才”的身份担任长子县（今山西省长子县）的县令。茂才就是秀才，古人写书时往往避用与本朝皇帝名字相同的字，历史上叫作“避讳”。东汉人写书时为避光武帝刘秀的名讳，把秀才改作茂才，茂才是当时担任官吏所必须具备的一种身份和资格。班回的儿子班况则是通过另一种身份“孝廉”担任郎即皇帝的侍从官员的，后来他累积功劳，升任地方管理农业的官吏——农都尉，每当中央的大司农（即国家农业部门最高行政机构的长官）向皇帝汇报农业税收的情况时，班况任内的成绩总是最好的，因此被调进京城，升任左曹越骑校尉的官职，统领一支由少数民族士兵组成的部队，与其他部队一起拱卫京师。西汉成帝初年，班况的女儿被选入宫，后来升任婕妤，班况退休在家，财产累积千金，举家迁居首都长安附近的扶风（今陕西省咸阳东）。

班婕妤是班昭祖父的姊妹，她自幼聪慧，继承家学，能诗文，知礼数，在当时是一个不可多得的优秀女性，可怜在西汉政治最为黑暗的年代进入宫掖，开始了吉凶未卜的后妃生涯，这样一介纤弱的女子，如何才能在腐朽黑暗的深宫内院平安地度过一生呢？

西汉初年，统治者吸取秦朝二世而亡的惨痛教训，不敢肆意割剥天下百姓，人民因而得到了休养生息的时机，经过几代人，七八十年的努力，社会经济得到了恢复和发展，到汉武帝时，汉朝在各个方面都达到了兴盛的高峰，但是，封建经济的繁荣，养肥了地主阶级，他们依仗封建国家的保护，拼命地兼并侵吞弱小民众的土地，在政治上垄断乡里，欺压百姓，造成越来越多的农民丧失土地，贫富悬隔也越来越大，阶级矛盾也越来越尖锐。汉成帝时，形势更加严重，成帝刘骜本人就在民间购买土地，带头兼并土地，皇亲国戚竞相效尤，纷纷加入霸占良田的行列里来。早在汉武帝时，正直的儒生董仲舒就曾一针见血地指出：官僚、地主、富商疯狂兼并土地、剥削佃农，已经到了“富者田连阡陌，贫者无立锥之地”的地步。在这种情况下，各地农民纷纷揭竿而起，奋起反抗残酷的阶级压迫，昭、宣时代略有缓和，元、成时期又蓬勃发展起来。尖锐的社会矛盾和激烈的阶级斗争使社会处于持续的动荡之中，危机也波及宫廷内部。汉元帝（公元前49—33年在位）晚年多病，不理政事，只留心音乐，政权渐为王皇后兄弟所把持。元帝死后，长子刘骜继位，元帝皇后被尊为太后，她的大弟王凤任大司马大将军领尚书事，总揽军政大权，其余六个弟弟都封为侯爵。王凤死后，兄弟几个相继执政，最后政权落在王太后的侄儿王莽手中。成帝在位期间，中央皇权一直操纵在王氏手中，王氏一家九人封侯，23人出任2000石以上的高级官职，党羽遍及天下；外戚专权达到了登峰造极的地步。成帝不但不思振作，反而听任舅父们竞相奢侈，宠信奸佞小人，排斥贤臣，迷信鬼神，尊崇方士，任内国库无一年的积蓄，百姓无十天半月的储备，人民饿死数以百万。成帝少年时喜读经书，颇有文采，为人宽博谨慎，此时却只注意修整容貌仪表，公开场合坐车正位，目不斜视，言语铿锵，举止威严，回到宫内，便沉湎酒色，常与近臣深夜狂饮，派人到民间访寻良家美女带回宫中供他淫乐，甚至公然在屏风上画着殷纣王醉踞美女妲己长夜淫乐的图画，以为助兴。后来又乘坐小车或者骑马微服出行，往来于市内郊外，有时竟到别的县里，斗鸡走马无所不为。

汉代的后宫制度最初比较简单，除皇后之外，其余的都称“姬”或“夫人”，没有严格的等级。汉武帝雄健伟岸，不但外事称强，而且内宠隆盛，为了区别宫中嫔妃，制定婕妤、娙娥、充华、美人、亢依等名位共 14 等。元帝又在婕妤之上设立昭仪之位，昭仪仅次于皇后，秩同丞相，爵比诸侯王，婕妤位同上卿，爵比列侯，位居第三等。成帝初即位时，班婕妤即被选入宫，皇后是原来的太子妃、车骑将军许嘉的女儿许皇后，班婕妤当时只任“少使”，不久得到成帝的特殊宠爱，擢升为“婕妤”，住进“增成宫”。当时后宫有八区，增成宫居第三。班婕妤曾生育一子，这在成帝一直没有子嗣的情况下，真是喜从天降，可惜这个婴儿来世只几个月就不幸夭折了。

婕妤少承家训，严守礼节，身处尊贵也自知收敛，不敢越雷池半步。有一次成帝到后廷游戏，一时高兴，便邀请婕妤一同乘坐帝辇，班婕妤却正色谢绝道：“我曾看过古代的图画，大凡贤圣的君主都有名臣陪侍左右，只有夏桀、殷纣和周幽王这些末世之君才把宠爱的女子带在身旁，如今陛下要我共乘帝辇，那不是与三代末主相近了么?”成帝见班婕妤的话十分在理，只好作罢。后来不知怎的，这件事竟让王太后知道了，她非常欢喜，由衷地赞叹道：“真个古有樊姬，今有班婕妤。”樊姬是楚庄王的妃子，庄王喜爱打猎，荒废政事，樊姬坚持不食禽兽之肉，以劝谏庄王。班婕妤深知后宫之内的险恶，从不敢造次行事，平日里诵读《诗经》，以及《窈窕》《德象》《女师》这些古代妇女箴诫之书，悉心领悟，身体力行，每次觐见皇帝或者上书言事，都严格按照古代的礼节进行，堪称德行高洁，无人能挑剔她的不是。

每当王朝临近末世，皇帝大都荒淫无耻。西汉从中期开始就表现出了这一特点，到了后期，就更加严重。成帝后宫隆盛，女宠众多，可是偏又感到享受宫中现成的，不如出外寻来的够味。当他在位的第 13 年，这年他 33 岁，便异想天开，开始微服出宫游乐。有一次他到阳阿公主家，偶遇歌舞女郎赵飞燕，非常喜爱，便把她召入宫中，大加宠幸。飞燕舞姿娴巧、体轻如燕，所以取名飞燕。她有个妹妹，名叫合德，也生得艳美无双，也被成帝带回宫中一同淫乐。飞燕、合德姊妹二人都被封为婕妤，贵倾后宫。从此许皇后和班婕妤受到成帝冷落。许皇后为了夺回失去的专宠，偷偷命人搞起巫蛊之术。汉朝盛行巫蛊，尤其是妇女，特别迷信它的法力。具体做法是把危险的毒虫如毒蜘蛛、蝎子和蜈蚣等在密室中供养，每天上供，秘密作法，诅咒所要陷害之人。当时人们相信，达到一定时间后，这些毒虫便会通灵，听从施术之人的役使，除掉对手。汉武帝时曾经因为巫蛊酿成政治风波，后来宫廷严禁供奉巫蛊。许皇后供奉巫蛊，诅咒怀有身孕的王美人等，事机不密，被赵氏姊妹探得实情。飞燕借机告发，王太后大怒，兴起大狱，处死当事之人，将许皇后打入昭台宫，后来又移徙长定宫，废除皇后封号，亲属皆归故里。可惜许皇后立 14 年而废，9 年以后，又因企图重新当“左皇后”被成帝赐药自杀惨死。

王太后、成帝母子兴起大狱之时，班婕妤也在被告之列。当考问到她时，她从容应对，说道：“我听说‘死生有命，富贵在天’，我为人正派尚且不能获得福佑，倘若做事邪恶，那还指望什么呢?鬼神如果有知，是不会听信奸臣之言的，如果无知，那么申诉又有什么用处呢?所以我无话可说。”成帝深知班婕妤的为人，对她的这番不辩之辩深表同情和称许，又忆起婕妤往日的好处，怜悯之情油然而生，不但没有处罚她，反倒赏赐黄金 100 斤。

之后，赵飞燕当上了皇后，合德升任昭仪，她们仗着成帝的宠爱，有恃无恐，骄妒横行，奸宿宫奴，逼杀皇子，为恶日甚，眼见后宫如此黑暗险恶，班婕妤恐怕时间久了殃及自身，便主动向成帝请求到长信宫中侍奉王太后，远离是非之地，得到准许。古代哲人老子曾经说过：“功成身退，天之道也。”在古代中国，政治的险恶往往因为人们贪恋仕途的发达而更趋严重，能像越国功臣范蠡那样功成身退的，几千年里也不曾有几个。一个柔弱的女子，在嫉妒杀人的深宫内院之中，位居婕妤之尊，处于群妒攻击的焦点上，竟然能够守礼不失；一旦失宠，又能甘居下游，静退为室，这种宠辱不惊、淡泊宁静的德操该有何等的高尚，而克己及人的毅力又是怎样地坚韧啊！班婕妤深得道家生命哲学的要旨，做到了明哲保身、颐养天年，这在人类修养身心的历史上也是一个奇迹。

道家的另一位祖师庄子曾经劝导人们在人生的战场上要做到形同槁木、心如死灰、随遇而安、混世两行。班婕妤主动退出了后宫那种是非凶险的妒场，可内心的激情却未曾泯灭，长信深宫的清冷寂寞不但没有使她形同槁木心如死灰，反而更激发了她的情思和文采，她的诗和赋抒发了对人生的感受以及对妇女悲惨命运的叹息，排遣长日的清苦更加锤炼了她的作品，使它们具有较高的文学价值。请看她的诗篇《怨歌行》：

新裂齐纨素，鲜洁如霜雪，
裁为合欢扇，团团似明月，
出入君怀袖，动摇微风发，
常恐秋节至，凉飙夺炎热，
捐弃箧笥中，恩情中道绝。

这首诗又名《团扇歌》，作者用扇子譬喻美人，咏物抒情，表达了宫女嫔妃渴望自由和幸福，却又担心命运无常的哀怨之情。你看那新裁出的齐国白绢布哟，鲜艳洁净如霜雪，用它做成的合欢扇哟，娇美圆润似明月，君王把玩怀袖中哟，轻轻挥动微风发，常常担心秋天到哟，冷风夺走炎热天，团扇弃置箱箧中哟，恩情中途绝。这首诗读来哀婉凄楚，催人泪下，表现了班婕妤对往昔仰承皇帝恩宠的眷恋和对命运舛错无常的恐惧以及对腐朽的宫闱制度的悲愤控诉。

班婕妤还有许多作品，其中《自悼赋》最能代表她的思想，全文如下：

自悼赋

承祖考之遗德兮，何性命之淑灵。

登薄躯于宫阙兮，充下陈为后庭。

蒙圣皇之渥惠兮，当日月之圣明。

扬光烈之翕赫兮，奉隆宠于增成。

既过幸于非位兮，窃庶几乎嘉时。

每寤寐而累息兮，申佩离以自思。

陈女图以镜监兮，顾女史而问诗。

悲晨妇之作戒兮，哀褒、阎之为邮；

美皇、英之女虞兮，荣任、姒之母周。

虽愚陋其靡及兮，敢舍心而忘兹。

历年岁而悼惧兮，闵蕃华之不滋。

痛阳禄与柘馆兮，仍襁褓而离灾。

岂妾人之殃咎兮，将天命之不可求。

白日忽已移光兮，遂晻莫而昧幽。

犹被覆载之厚德兮，不废捐于罪邮。

奉共养于东宫兮，托长信之末流。

共洒扫于帷幄兮，永终死以为期。

愿归骨于山足兮，依松柏之余休。

重曰：

潜玄宫兮幽以清，应门闭兮禁闼扃。

华殿尘兮玉阶苔，中庭萋兮绿草生。

广室阴兮帏幄暗，房栊虚兮风泠泠。

感帷裳兮发红罗，纷綷縩兮纨素声。

神眇眇兮密靓处，君不御兮谁为荣？

俯视兮丹墀，思君兮履綦。

仰视兮云屋，双涕兮横流。

顾左右兮和颜，酌羽觞兮销忧。

惟人生兮一世，忽一过兮若浮。

已独享兮高明，处生民兮极休。

勉虞精兮极乐，与福禄兮无期。

绿衣兮白华，自古兮有之。

译成今语如下：

幸赖祖先的美德啊，我的本性是多么纯洁聪颖；单薄之躯登上宫阙啊，做宫女来到皇家后庭；仰承皇上深厚的恩泽啊，仿佛日月那般盛明；张扬光彩何等显赫啊，奉承皇恩居住在增成；幸福似已超越了身份啊，好时光能有几时？睡梦中犹惊起而叹息啊，又忆起父亲的叮咛；挂起女图来对照啊，又向女史询问诗经；可悲妇女为祸的惨事啊，可叹褒姒的过失；赞美娥皇女英相夫虞舜啊，歌唱太任太姒之为周朝母亲；我虽愚不可及啊，怎敢因此而不用心？光阴似箭多么可怕啊，往日的风华早已无存；可悲生子于阳禄和柘馆啊，未离襁褓就夭折；莫非我命该如此吗，抑或天命高远而不可追寻?太阳匆匆转过啊，接着又是幽暗的长夜；我还算蒙受了天地般的厚德啊，有罪却未遭废弃；奉养太后在东宫啊，享受着皇恩的末流；整日洒扫帷幄啊，至死才能罢休；愿死后葬于山陵下啊，倚上松柏的余荫。

读到这里，可以看出作者内心是何等的悲伤和绝望，让人不禁梗口在喉、难以卒读，可是她情犹未尽，继续写道：

入深宫啊幽且静，前门闭啊禁闼关；华殿尘啊玉阶茫，庭院青啊绿草生；大厅阴暗啊帷幄深，房屋空虚啊风冷清；微风吹拂啊红帷动，衣声陪伴啊白绢响身；处冷宫啊与神处，君不垂顾啊谁为荣?俯视宫中啊赤土地，思念君王啊金步履；仰看啊如云的华殿，双泪啊怎能不横流；顾左右啊和颜色，斟羽杯啊且销愁；想人生啊只广世，忽一过啊若浮萍；已独站啊显赫处，与人比啊福已极；勉精神啊能极乐，与福禄啊遥无期；诗有绿衣啊和白华，刺讥失礼啊古有之。

这一段描写了深宫的清冷阴森，表现了宫女渴望皇恩泽及而又不得的哀怨和生活的寂寞和痛苦，同时还回顾了自己的一生，又表现出知足常乐、坚守礼节的道德修养。

赵氏姊妹虽然得宠，可偏偏都不生育，她们深怕失去成帝的宠爱，便想尽办法迫害其他嫔妃，笼络住成帝。一旦成帝与其他宫女有了孩子，赵昭仪便极力怂恿成帝杀害亲子。公元前 7 年农历 3 月，荒淫无度的成帝暴病而死，朝野哗然，一致归咎于赵氏姊妹，赵昭仪被迫自杀。6 年后，太皇太后王氏和当政王莽宣布赵太后（飞燕）和赵昭仪犯有专宠锢寝、残灭继嗣之罪，废飞燕为庶人。赵飞燕无颜苟活于世，也自杀而亡。

赵氏姊妹德行鄙劣，为人残暴，手段阴狠，愚蠢无知，自然不免于败亡。与之相反，班婕妤则深明大义，品德高尚，才学俱优，处事机智，当然能够长生久视、乐尽天年。

成帝死后，她主动奉成帝灵柩到园陵，死后也葬在园中，受到后世的尊敬。她的德行和才学表现了班氏家族的修养和造诣，也为后代才女班昭树立了榜样。

父亲班彪　学博才高

班婕妤的大哥班伯，“少受《诗》于师丹”，是一位精通《诗》《书》《论语》的学者，曾入金华殿讲《书》《论语》。老二班施以博学有俊才受皇帝器重，老三班稚以方直自守见称。班稚生子班彪，班彪有二子一女，名班固、班超、班昭。

班彪（3—54），字叔皮，扶风安陵（今陕西咸阳东北）人，出身于汉代显贵和儒学之家，受家学影响很大。从小好古敏求，与其兄班嗣游学不辍，才名渐显。

班彪二十多岁时，正值西汉末年，群雄并起，隗嚣在天水拥兵割据，他避难相随。

隗嚣（约前 72–前 33 年），字季孟，天水成纪（今甘肃秦安）人。出身陇右大族，青年时代在州郡为官，以知书通经而闻名陇上。王莽的国师刘歆闻其贤，举为国士。刘歆死后，隗嚣归故里。刘玄更始（23年）政权建立后，隗嚣叔父隗崔、兄隗义及上邽（今甘肃天水市）人杨广、冀县（今甘肃甘谷县）人周宗等合谋起义，响应刘玄，兴汉灭莽。隗嚣趁机占领平襄（今甘肃通渭县），杀了王莽的镇戎郡（今甘肃天水一带，治平襄）大尹。因隗嚣“素有名，好经书”，推为上将军。从此隗嚣成了割据一方的势力。

隗嚣建立割据势力后，听从军师方望的主张，以“承天顺民，辅汉而起”为宗旨，号召人民讨伐王莽，并修高祖庙，盟誓效忠汉室。刘玄更始元年（23 年）7 月，隗嚣诸将领向各州牧、部监、郡国发布檄文，列举王莽罪状，共同谋伐。于是隗嚣兴兵十万，攻占雍州、安定，杀死州牧陈庆、大尹王向等。此时，长安汉将起兵杀了王莽。隗嚣趁势先后攻占了陇西、武都、金城（今甘肃兰州）、武威、张掖、酒泉、敦煌等郡县。更始二年，隗嚣归顺刘歆，封为右将军。这年冬天，隗崔、隗义合谋反叛，隗嚣告密，刘玄感其大义灭亲，封为御史大夫。

东汉光武帝刘秀即位（25 年）后，隗嚣劝刘玄东归刘秀，刘玄未同意。隗嚣与诸将欲挟持东归未遂，于是逃回天水，自称西州大将军，重新招兵买马。由于他“谦爱士卒，倾身引接为布衣交，”所以“三辅老士大夫”纷纷投奔于他。其中有很有名望的马援、班彪等人，一时将士云集，隗嚣“名震西州，闻于山东”。

有一次，隗嚣问班彪道：“从前周朝灭亡，战国纷争，天下四分五裂，经过好几代才得安定。是合纵连横的事又将出现在今天呢，还是承受天命，在某一个人身上呢？望先生谈谈看法。”

班彪答道：“周朝的废兴，与汉朝不同。从前周朝分爵为公、侯、伯、子、男五等，诸侯掌握自己的领地各自为政，正像一棵大树，本根很弱小，枝叶很茂盛，所以到了后来，出现合纵连横的事，是形势促使它那样。汉朝继承秦朝的制度，改封建为郡县制，国君有专制的权威，臣下无百年的大柄。到了成帝，假借外戚的势力，哀帝、平帝在位时间很短，三帝无子，所以王莽篡位，窃取国位年号。危险来自上边，伤害不及下面，因此，王莽真正篡位之后，天下人没有不伸着脖子在叹息。十多年间，中外发生骚扰，远近都在行动，各自打着刘氏的旗号，会合响应，众口一词，不谋而合。现在英雄豪杰统治各州县的，都没有像七国传统的资本，可百姓却异口同声，想念汉朝的恩德，发展趋势已经可想而知了。”

隗嚣道：“先生分析周朝与汉朝的形势是对的，至于只看到愚蠢的百姓习惯刘氏姓号的缘故，而说汉家一定复兴，这就不见得了。从前秦朝失去天下，好比一只鹿逃走了，刘邦追鹿到了手，当时人又谁知有什么汉朝么?”

班彪一方面痛恨隗嚣的狂言，一方面又感叹时局艰难，于是著一篇《王命论》，认为汉德是继承唐尧，有灵验的王符作证，王者登上宝座，不是凭欺诈能成功，想用这来感动隗嚣，然而隗嚣依然执迷不悟。当然，他也知道自己势力并不占有优势，从战略地位来考虑，蜀地的安危对于他有着举足轻重的关系，因为那里是他的大后方。如果公孙述翻脸，他就被夹在中间，没有立足之地。如果要想维持这种三足鼎立的分裂局面，他必须考虑与西南霸主公孙述的关系。为此，他不惜称臣于公孙述，奢望联手抗衡中原。建武五年五月，隗嚣公开举兵反叛，臣服于公孙述，向刘秀王朝发难。

在规劝不果的情况下，许多文士对于隗嚣产生失望之情，纷纷离去。著名经学家郑兴最先以归葬父母为由东归故里。班彪写作了《王命论》之后，见隗嚣无意归顺，于是西归窦融。

河西大将军窦融用他作从事，十分恭敬地待他，用师友之道接待。班彪就替窦融出谋划策，敬事汉朝，总领西河一带来抗拒隗嚣。后来窦融奉诏回京师，光武帝问道：“你所上的奏章，是谁和你参谋?”窦融答道：“都是我的从事班彪做的。”这使得班彪的名望达于朝堂。

建武九年正月，隗嚣死，凉州一带出现了权力真空状态，该年春天，班彪作《复护羌校尉疏》，议复护羌校尉官。后来的事态发展证明，班彪的建议是很有远见的。这说明班彪并不是一个迂腐的文人。十二年，班彪随窦融东归洛阳，终于结束了自己漂泊不定的生活。

回到京城后，他厌倦了幕僚的生活，决定从此潜心于《汉书》的撰著工作，以成就一家之言。

汉武帝时，司马迁著了《史记》，从传说中的黄帝写到当代汉武帝，从太初年间以后，缺了没写，后来褚少孙、刘向、刘歆、冯商、扬雄等十多位学者都曾缀集时事，或补或续之。但是文笔鄙俗，不配为《史记》的后续之作。班彪于是继续采集前朝历史遗事，还从旁贯穿一些异闻，写下后传数十篇，参照前面的历史而评论得失。

此书是续《史记》之作，但“不为世家，唯纪、传而已”。《后传》原书已佚，其内容想已多为《汉书》汲取，只是无法辨认清楚了。今《汉书》的元帝、成帝二纪及韦贤、翟方进、元后三传的《赞》，还保留有班彪的史论文字。

班彪从小接受儒家思想，他的史学观点与司马迁有所不同。他认为司马迁在《史记》中“崇黄老而薄五经”“轻仁义而羞贫穷”“贱守节而贵俗功”，是一个大弊端。然而他也称赞司马迁“善述序事理，辩而不华，质而不野，文质相称，盖良史之才也”。他的这些观点完全被班固继承，对于《汉书》的编撰影响颇深。

此外，《后汉书》载其“所著赋、论、书、记、奏事合九篇”。今存《北征赋》《览海赋》《冀州赋》等，《文选》《艺文类聚》有收录。其中《北征赋》写班彪在西汉末年避难凉州、从长安行至安定时沿途的见闻和感慨，对当时人民生活的困苦和动荡的社会面貌有所反映。这篇赋采用楚辞的形式，重在抒情，与铺张扬厉的西汉大赋风格迥异，开了东汉末年抒情小赋的先声。

建武三十年（54 年），班彪死在官位上，终年五十二。他所著的赋、论、书、记、奏事共九篇。

在两汉之际的历史形势中，班彪投靠刘秀，撰写《后传》，鼓吹“王命”，促进统一，政治上是识世务者，思想上是个正统论者。

范晔评价他：班彪“以通儒上才，倾侧危乱之间，行不逾方，言不失正，仕不急进，贞不违人，敷文华以纬国典，守贱薄而无闷容。彼将以世运未弘，非所谓贱焉耻乎？何其守道恬淡之笃也”。

长兄班固　文史大家

班彪之长子、班昭之长兄班固（32—92），字孟坚，是东汉著名史学家、文学家。

班固出身儒学世家，曾祖父班况，成帝时为越骑校尉。祖父班稚，哀帝时为广平太守。父亲班彪、伯父班嗣，皆为当时著名学者。班固自幼接受儒学世家的良好教育和熏陶，加之班固聪明好学，9 岁就能写文章、诵诗赋了。当时，父亲班彪已经成了远近闻名的学者，好多人都前来拜他为师或与他探讨学问，受父亲朋友辈学者的影响，班固开阔了眼界，学业大有长进。后来，父亲有意续写《史记后传》，开始阅读大量汉朝典籍。在父亲的影响下，班固也开始留意汉事。这时，著名的思想家王充正值青春年华，从会稽老家来到京城洛阳游学，他景仰班彪在学术上的高深造诣，也前来拜班彪为师，虚心求教。王充对于班彪的著史事业充满敬意，称赞班彪的著述可与太史公、扬雄媲美。由于他经常到老师家中请教，与年纪比他小五岁的班固逐渐熟悉起来，并对少年班固的才能和志向欣赏备至。建武二十年（公元44年）的一天，王充又来向老师请教，恰好班固也在客厅里，并对他们谈论汉事不时插上一二句颇具见识的话语，王充听后十分惊奇，不禁抚摸着班固的后背，对老师说："此儿必记汉事。"认为班固将来必定会完成撰著汉代历史的重任。

随着年龄的增长，班固开始不满足于儒学世家的家庭教育。为了进一步深造，班固于16岁时进入洛阳太学学习，在这里，他用功苦学，贯通各种经书典籍，不论儒家或其他百家学说，都能深入钻研，同时注重见识，并不拘守一师之说，不停留在字音字义、枝枝节节的注解上，而是要求贯通经籍的大义。这是他日后能够成长为一代优秀史官的极重要条件。在这里，班固结识了崔骃、李育、傅毅等一批同学。由于班固性格宽容随和，平易近人，不因为自己才能出众而骄傲，所以得到了同学及士林的交口称赞。到班彪死时，班固虽然年仅23岁，但已具备颇高的文化修养和著述能力。

建武三十年（54年），班彪过世。由于父亲去世后生计困难，班固只好从京城迁回扶风安陵老家居住。从京城官宦之家一下子降到乡里平民的地位，这对上进心很强的班固是一个沉重打击。但他毫不气馁，立志继承父亲未竟之业的决心并没有改变。班固认为，父亲已经撰成《史记后传》的部分，内容还不够详备，布局也尚待改进；没有撰成的部分，需要重新续写。于是他在父亲已成《史记后传》的基础上，利用家藏的丰富图书，正式开始了撰写《汉书》的生涯。

永平五年（62年），正当班固全力以赴地撰写《汉书》的时候，有人告发班固"私修国史"，于是，班固被捕关进了京兆监狱，书稿也被官府查抄。当时，不仅"私修国史"是被严格禁止的，甚至"国史"一般也不能为个人所拥有。汉元帝时东平王刘宇上书求赐《太史公书》被拒绝之事，即可证明。

班固虽是外戚后代、儒学世家子弟，但他本身却连个官阶很低的郎官都不是，却如此大胆，敢于私修国史，岂不是触犯了朝廷大禁！不久前，扶风郡有一个叫苏朗的人被人告发伪造图谶，被捕入狱后，很快就被处死。面对这种形势，班家老小十分紧张，害怕班固凶多吉少。班固的弟弟班超为了营救哥哥，立即骑上快马从扶风安陵老家急驰京城洛阳，他要向汉明帝上书申诉，为哥哥雪除冤枉。

班固被告"私修国史"，身陷囹圄，不知将被如何处置，更为老母和家人的安全担心。但他明白自己根本没有什么"罪"。他立志著史，不仅是为了继承父亲的遗志，而且也是要远接从司马迁、刘向、扬雄以来修史的传统，更是为了宣扬"汉德"。西汉一代210余年，有过赫赫功业，也有过许多弊政，其中治乱兴衰，使人慨叹，给人启发，写出一部"汉史"，正是当今学者的责任。何况王莽灭亡至今已40年了，再不及时撰成史书，后人所能获得的史料岂不更少！所以他才拿起笔来，立志完成父亲未竟之业。不料遭人诬告，如果此番不明不白地被处死，那么父子两代人的心血岂不尽付东流！为此，班固忧愤交加，心痛欲裂。

班超策马穿华阴、过潼关，赶到洛阳上疏为班固申冤，引起汉明帝对这一案件的重视，特旨召见班超核实情况。班超将父兄两代人几十年修史的辛劳以及宣扬“汉德”的意向全部告诉了汉明帝。这时，扶风郡守也把在班固家中查抄的书稿送至京师。明帝读了书稿，对班固的才华感到惊异，称赞他所写的书稿确是一部奇作，下令立即释放，并加以劝慰。明帝赞赏班固的志向，器重他的才能，立即召他到京都皇家校书部供职，拜为“兰台令史”。

班固被拜为“兰台令史”，最初受任与前睢阳县令陈宗、长陵县令尹敏、司隶从事孟异等人，共同编撰东汉光武帝的事迹《世祖本纪》。班固与陈宗等同心协力，很快就完成了《世祖本纪》的修撰，得到了明帝的赞扬。由于班固在编撰《世祖本纪》过程中的出色努力，又被晋升为“郎”官，负责整理校雠皇家图书。郎官是汉代进身的开始，班固的职务是校书，故称“校书郎”。他继续修撰光武一朝的史事，又撰成东汉功臣、平林、新市起义军和公孙述的事迹，共成列传、载记 28 篇。这样，有关光武一朝的记载大体齐备。《东观汉纪》是东汉皇朝的当代史，自明帝以后，章帝、安帝、桓帝、灵帝、献帝历朝都有续修，班固则是在它的创始时期做出了重要贡献，开了一个好头。

班固被召到京师以后，弟班超与母亲也随至洛阳，因“家贫”，班超“常为官慵书以供养”。班固被汉明帝任命为郎官之后，官阶虽低，但与明帝见面的机会增多了，加之班固文才显露，逐渐得到汉明帝的宠爱。时间一长，明帝也关心地问起他的家庭生活，有一天，汉明帝突然想到前些日子赶到洛阳阙下为救班固冒险上疏的班超，便问班固："卿弟安在?"班固回答说："为官写书，受直以养老母。"明帝非常欣赏班超的勇气和辩才，觉得他未得任用实在可惜，便授班超为"兰台令史"。

这期间，班固的职务虽低，却使班固得到较为安定的生活，更为重要的是，使他有条件接触并利用皇家丰富的藏书，这就为他日后完成《汉书》提供了重要条件。

班固在撰写光武一朝君臣事迹期间，显露出卓越的才华，得到汉明帝的赏识。汉明帝鉴于班固具有独力修撰汉史的宏愿，也希望通过班固进一步宣扬"汉德"，特下诏，让他继续完成所著史书。班固从私撰《汉书》到受诏修史，是一个重大转折，对于《汉书》的完成是一个有力的推动。从此，班固不仅有了比较稳定的生活，有皇家图书可资利用，而且有了明帝的这一旨意，使他著史的合法性得到确认，再也不用担惊受怕了。由于具备了这些条件，班固开始全身心地投入到撰史的事业之中，撰史进度大大加快。

班固48岁那年（建初四年，公元79年）十一月，东汉朝廷有一件大事。议郎杨终上奏说："方今天下少事，学者得成其业，而章句之徒，破坏大体。宜如石渠故事，永为世则。"指出，当时由于经学流派的繁衍，解经歧异很大，影响经学的传播和发展，因此，杨终建议应该像西汉宣帝召集石渠阁会议那样，召集有权威的学者来讲论五经，裁定经义。

章帝采纳了这个建议，下诏"太常、将、大夫、博士、议郎、郎官及诸生、诸儒会白虎观，讲议《五经》同异，使五官中郎将魏应承制问，侍中淳于恭奏，帝亲称制临决，如效宣甘露石渠故事”。其目的是广泛动员经今古文学派的力量，促进儒家思想与谶纬神学紧密结合，加强儒家思想在思想领域的统治地位。出席会议的有班固，博士赵博、李育，议郎杨终，郎官贾逵，鲁阳侯丁鸿，广平王刘羡，还有太常楼望、少府成封、屯骑校尉桓郁等，会议历时一个多月才结束。班固以史官身份出席会议，并兼记录。会后他按章帝的旨意，把讨论结果整理成《白虎通德论》，又称《白虎通义》。

《白虎通义》一书内容十分庞杂，对和、哀、平以降的谶纬之学所宣扬的君权神授、天人感应论、先验情性论等进行了修补和总结，并对维护封建统治秩序的国家制度、军队刑罚、礼仪规章、人伦关系以及耕桑商贾等进行了系统规定，具有国家宪章和神学法典的意义，被视为宣扬谶纬神学的典型著作。

汉章帝建初七年（82 年），班固基本上完成了《汉书》的撰著，自永平元年（58 年）开始，共计历时二十五年，实现了父子两代人的心愿。全书记述从汉高祖开始，到汉平帝被王莽所杀，十二代帝王，二百三十年间的事迹，包括《春秋》考纪、表、志、传共一百篇。《汉书》颁出后，受到当朝重视，学者们争相诵读。

班固修《汉书》，旷日持久，虽然得到了皇帝和部分士人的赏识，然而也不过是做了个兰台令史、校书郎、玄武司马之类的小官。因此，班固也在等待时机，以求建功立业。他看到那些才能不如自己的人，纷纷从政，获得进身之阶，风光一时，真有些不甘心。因此，班固也在等待时机，以求建功立业。在当时，建立军功是实现这一愿望的最好途径，而班氏家族向来有与边疆事务打交道的经验，于是，班固也想通过边境立功，获取功名，以便施展才能。

北单于派遣使者来朝纳贡，意欲和亲，章帝讯问众官。班固分析两汉时局，建议通使匈奴，以宣扬汉德（即《匈奴和亲议》）。

章和二年 （88 年），章帝卒，汉和帝即位，年仅十岁，窦太后临朝，起用窦宪为侍中，掌控大权。窦宪专横跋扈，无视朝廷法律。后因刺杀齐殇王的儿子刘畅，事发被捕入狱，窦宪请求率军北征匈奴以赎死罪。当时匈奴分南北两部，南匈奴亲汉，北匈奴反汉。正好南匈奴请求汉朝出兵讨伐北匈奴。朝廷便任命窦宪为车骑将军，以执金吾耿秉为副，发北军五校、黎阳、雍营、缘边十二郡骑士，及羌胡兵出塞。

和帝永元元年（89 年），班固年届 58 岁，因遭母丧，辞官守孝在家，得知窦宪被任命为将军，率大军攻伐匈奴的消息，便决定投附窦宪，随大军去北攻匈奴。

光武帝时，窦融名列“云台二十八将”之一，成为显赫的功臣权贵之家。又历明、章二世，窦氏势力更加兴盛。班固求进心切，利用班、窦两家同乡、世交的关系，决定投附窦氏家族。但他未能觉察，这时的窦氏专横跋扈，已成了朝廷的危险势力。

章帝初年，窦融的曾孙女被立为皇后，窦宪依靠身为皇后之兄的关系，很快升为虎贲中郎将，随着权力的增长，他更加不可一世，随便霸占别人的财产，无恶不作。

窦宪不但欺负一般的老百姓，甚至敢于欺负皇帝的姑母。皇帝姑母叫沁水公主，在洛阳拥有一座好园田，窦宪利用权势贱价夺取过来，公主迫于他的气焰，不敢同他计较。有一天，章帝乘车出行，经过沁水公主园田，高兴地告诉窦宪这是沁水公主的园田。窦宪支支吾吾不敢正面回答。事后章帝终于发觉沁水公主园田被窦宪侵占，怒不可遏，召来窦宪斥责道：你的手段骇人听闻，竟敢欺负到皇姑头上来了，明明是你已经霸占了公主的园田，还学赵高的样子，“指鹿为马!”“今贵主尚见枉夺，何况小人哉!”正告窦宪说“国家弃宪如孤雏腐鼠耳”，要他“深思前过”，痛改前非。窦宪自知闯了大祸，求窦皇后说情，最后退还公主园田，暂时了事。

和帝即位后，窦太后临朝。窦宪成了国舅爷，很快即被起用为侍中，控制大权。他的弟弟窦笃被任为虎贲中郎将，窦景、窦瓌被任为中常侍，兄弟叔侄“皆在亲要之地”。凡窦宪本人的意旨，在外授意早有名望的旧臣写奏书，在内由他向太后陈述，“事无不从”。窦宪专横跋扈，无视朝廷法律，随意杀人。齐殇王的儿子刘畅，因章帝丧事来朝吊问，乘机讨好了窦太后，得到一个宫内职位。窦宪怕刘畅受宠，妨碍他专擅朝政，竟派人将他刺杀。后来，事情暴露，窦宪被关在宫内，等候治罪。这下窦宪着了慌，请求率军北征匈奴以赎死罪。当时正逢南匈奴请兵攻伐北匈奴，朝廷便拜窦宪为车骑将军，率大军出塞。窦宪北征匈奴就是在这样的形势下出现的。班固不知其中内情，随军出发，任中护军，参与军中谋议。

大军从朔方三路北袭，窦宪遣各部将及匈奴左谷蠡王等，率精骑万余，在稽落山（今蒙古达兰札达加德西北）大破北匈奴军队。窦宪与副将等登上远离边塞三千余里的燕然山（蒙古杭爱山脉），由班固撰写《封燕然山铭》文，刻石纪功。班固还撰有《窦将军北征颂》一文，对窦宪北征匈奴大加歌颂。窦宪班师后出镇凉州。第二年，北匈奴单于因大败之后势力衰弱，派亲王向窦宪通报希望觐见东汉皇帝，请求派使者前来迎接。窦宪上奏，派遣班固以中护军兼代中郎将职务，带领数百人骑马出居延塞（今甘肃额齐纳旗）迎接，正遇上南匈奴出兵打败北匈奴，班固一行到达私渠海（在稽落山西北），获知北匈奴已遁走而折回。永元三年（公元 91 年），窦宪派部将出兵北击，此后北匈奴向西远徙，东汉最后解除了匈奴的威胁。

班固从窦宪北征匈奴以后，进入窦宪幕府。此时的窦宪，因为平匈奴有功，威名大盛，心腹众多，官员进退都由他一人决定，朝臣震慑，望风希旨。尚书仆射郑寿、乐恢由于招致他的不满，被迫相继自杀。窦宪的三个弟弟又把持着卫尉、执金吾、光禄勋的要职，窦氏家族还有十几人任城门校尉、将作大匠、少府等。他们在京城无法无天，奴仆肆意强夺民财，侵害百姓，抢夺民女。街市上的店铺害怕窦氏，看到他们，都像逃避强盗一样，紧锁店门，躲避起来。他们大权在握，仍不满足，又想杀死皇帝，夺取最高权力。永元四年（公元 92 年），窦宪的爪牙邓叠、女婿郭举等阴谋在宫中杀死和帝。和帝觉察到他们的阴谋，事先与中常侍郑众定计，把邓叠、郭举等收捕斩首，并将窦宪等人革职，送回封地，窦宪等被迫自杀。班固本来与窦宪案件毫无关系，但在封建时代，一人有罪，株连甚广，班固因与窦宪关系密切而被免职，以后又被冤枉逮入监狱。当时的洛阳令种兢对班固一家怀有私仇。因为班固平常对子弟管教不严，有的子弟不守法纪，地方官吏感到头痛。曾有一次，种兢出行，班固的家奴因喝醉酒冲撞了他的车骑，种兢手下官吏对他推搡训斥，家奴迷迷糊糊，口出恶言，种兢大怒，可是畏惧窦宪威势，不敢发作，从此怀恨在心。窦宪案发后，以前窦家的宾客一一被逮捕拷问，种兢借机报复，将班固关进监狱。在狱吏的拷打折磨下，这位对中国文化史做出杰出贡献的人物竟冤死狱中，卒年 61 岁。事后，和帝曾下诏谴责种兢公报私仇的恶劣做法，并将害死班固的狱吏处死抵罪。

班固一生著述颇丰。作为史学家，《汉书》是继《史记》之后中国古代又一部重要史书，“前四史”之一；作为辞赋家，班固是“汉赋四大家”之一，《两都赋》开创了京都赋的范例，列入《文选》第一篇；同时，班固还是经学理论家，他编辑撰成的《白虎通义》，集当时经学之大成，使谶纬神学理论化、法典化。

次兄班超　扬名西域

班超（32—102 年），字仲升，扶风平陵（今陕西咸阳东北）人，东汉著名的军事家和外交家。

班超是著名史学家班彪的幼子，其长兄班固、妹妹班昭也是著名的史学家。班超为人有大志，不修细节。但内心孝敬恭谨，居家常亲事勤苦之役，不耻劳辱。他口齿辩给，博览群书，能够权衡轻重，审察事理。

在他二十九岁的时候，他的家族中发生了一件大事——他的哥哥班固入狱了。

班固俨然是父亲班彪最理想的继承人：他自幼聪慧，九岁能诵读诗赋，十三岁时已经在当地略有薄名，受到学者王允的赏识。十五岁那年，他进入洛阳太学学习，博览群书。二十二岁，父亲班彪去世后，班固便返回乡里继承其遗志，续写历史著作。

但是枪打出头鸟，这样的天才自然遭到了他人的嫉恨。有人向朝廷上述告发班固“私改作国史”。要知道，封建帝王最碰不得的胡须便是此类政治敏感事件，因此皇帝立即下诏收捕，哥哥锒铛入狱，甚至连所写的书籍都遭到了查抄。

这时候，籍籍无名的班超站了出来。和具有辉煌童年的哥哥不同，班超的少年生涯显得十分平庸。他生性不拘小节，在汉朝那个以举孝廉为主要选才方式的国度显然得不到大众的认可。大家似乎认为，道德的不端会影响才华的发挥。在如皓月一般的哥哥面前，班超好比腐草之荧光，似乎永远成不了大器。

然而当班固进入监狱之后，能够拯救他的只有他的弟弟，班超。因为在班超放浪形骸无拘无束的外表下，人们可能忘了，班超同样也是博览群书之辈，他在智识上丝毫不逊于其兄。再加上班固写作之时，班超一直是身前之人，因此对班固的所思所想有着清晰的认识。

于是他诣阙上书，言辞恳切地向汉明帝陈述了班固著述之意，引起了汉明帝的注意。汉明帝令地方官将书稿送往朝廷，自己亲自阅读。不久之后，他对班固的不解渐渐化为欣赏。永平五年（62 年），汉明帝将这个有惊世才华的年轻人召到校书部工作，让其继续写作，完成著作。而班超则跟着哥哥一道来到了洛阳。

东汉时期，洛阳是当时全国政治和经济的中心区域，班固曾做《东都赋》盛赞其繁华。这样的繁荣地方，是男人实现其梦想最好的温床。然而班超初来，却只得迫于生计跟着哥哥抄书修史。

他每日伏案挥毫，常停下来扔下笔叹息说："我身为大丈夫，尽管没有什么突出的计谋才略，总应该学学在国外建功立业的傅介子和张骞来封侯晋爵，怎么能够老是干这笔墨营生呢？"旁人都嘲笑他，班超却说："凡夫俗子又怎能理解志士仁人的襟怀呢！"后以"投笔从戎"指文人从军。

后来，他去找相面的人看相，相面的人说："你的先辈虽是平民百姓，但你日后定当在万里之外封侯。"班超问他原因，相面的人说："你额头如燕，颈脖如虎，飞翔食肉，这是万里封侯的相貌啊！"

后来，汉明帝问班固说："你弟弟现在哪里呢？"班固说："在替官府写书，用挣来的钱奉养老母亲。"明帝于是任命班超为兰台令史，掌管奏章和文书。然而，没过多久，班超又因为小过失被免了职。

永平十六年（73 年），奉车都尉窦固出兵攻打匈奴，班超随从北征，在军中任假司马（代理司马）之职。假司马官很小，但它是班超文墨生涯转向军旅生活的第一步。班超一到军旅之中，就显示了与众不同的才能。他率兵进击伊吾（今新疆哈密西四堡），战于蒲类海（今新疆巴里昆湖），小试牛刀，斩俘很多敌人。窦固很赏识他的军事才干，派他和从事郭恂一起出使西域。

经过短暂而认真的准备之后，班超就和郭恂率领三十六名部下向西域进发。班超先到鄯善（今新疆罗布泊西南）。鄯善王对班超等人先是嘘寒问暖，礼敬备致，后突然改变态度，变得疏懈冷淡了。班超估计其中一定有原因，于是对部下说："你们难道没觉察鄯善王的态度变得淡漠了么？这一定是北匈奴有使者来到这里，让他犹豫不决，不知道该服从谁好的原因。头脑清醒的人能够预见到还未发生的事情，何况现在已明摆着呢！"

于是，班超便把接待他们的鄯善侍者找来，出其不意地问他："我知道北匈奴的使者来了好些天了，他们现在住在哪里？"侍者感觉出乎意料，仓促间难以回答，只好把情况照实说了。班超把侍者关押起来，以防泄露消息。接着，立即召集部下三十六人，饮酒高会。喝到酒醉的时候，班超故意激怒大家说："你们诸位与我都身处边地异域，要想通过立功来求得富贵荣华。但现在北匈奴的使者来了才几天，鄯善王对我们就不以礼相待了。如果一旦鄯善王把我们绑送到北匈奴去，我们不都成了豺狼口中的食物了吗？你们看这怎么办呢？"大家都齐声说道："我们现在处于危亡的境地，是生是死，就由司马你决定吧。"班超说："不入虎穴，焉得虎子。现在的办法，只有乘夜用火进攻北匈奴使者了，他们不知道我们究竟有多少人，一定会感到很害怕，我们正好可以趁机消灭他们。只要消灭了他们，鄯善王就会吓破肝胆，我们大功就告成了。”有人说：“这件事应当和郭从事商量一下。”班超大怒说：“是凶是吉，就在于此事。郭从事是平庸的文官，他听到这事必定会因为害怕而暴露我们的计划，我们就会白白送死而落下不好的名声，这就称不上是壮士了。”部下都一致称是。

这天天刚黑，班超就率领将士直奔北匈奴使者驻地。当时天上刮大风，班超命十个人拿着鼓藏在敌人驻地的后方，约好一见火起，就猛敲战鼓，大声呐喊。又命其他人拿着刀枪弓弩埋伏在门两边。安排完后，班超顺风纵火，一时间三十六人前后鼓噪，声势喧天。匈奴人乱作一团，逃遁无门。班超亲手击杀了三个匈奴人，他的部下也杀死了三十多人，其余匈奴人都葬身火海。

第二天，班超将此事报知郭恂，郭恂先是吃惊，接着脸上出现了感觉不公平的脸色。班超知道他心存嫉妒，便抬起手来对他说：“你尽管没有与我们一起行动，但我班超又怎么忍心独占这份功劳呢？”郭恂脸露喜色。班超于是请来了鄯善王，把匈奴使者的首级给他看，鄯善王大惊失色，举国震恐。班超好言抚慰，鄯善王表示愿意归附朝廷，并把自己的王子送到朝廷作为人质。

班超完成使命后率众回师，并把情况向窦固作汇报。窦固非常高兴，上表奏明班超出使经过和所取得的成就，并请明帝再选派使者出使西域。明帝很欣赏班超的勇敢韬略，认为他是难得的人才，便下诏对给窦固说：“像班超这样的使臣，为什么不派遣他，而要另选别人呢？可以提拔班超担任军司马，让他继续完成出使的任务。”窦固认为班超手下的人太少，想给他再拨一些人马。班超却说：“我只要带领原来跟从我的三十多人就足够了，如果发生意外，人多了反而更增加累赘。”

班超等人向西域进发，不久，到了于阗（今新疆和田）。当时，于阗王广德新近攻破莎车（今新疆莎车），在南道雄帜高张，匈奴人派使者驻在于阗，名为监护其国，实际上掌握着该国的大权。班超到于阗后，于阗王对他不修礼貌，颇为冷淡。于阗巫风炽盛，巫者对于阗王说：“天神发怒了，你们为什么想去归顺汉朝？汉使有一匹嘴黑毛黄的好马，你们赶快把它弄来给我祭祀天神！”于阗王派人向班超讨要那匹马，班超早已清楚事情原委，痛快地答应了。但是提出要神巫自己来牵。等到神巫到来，班超不由分说，将他杀死，把首级送还于阗王，晓以利害，责以道义。于阗王早就听说过班超在鄯善国诛杀匈奴使者的作为，颇为惶恐，当即下令杀死匈奴使者，归附汉王朝。班超重赏了于阗国王及其臣子们。

当时，匈奴人扶立的龟兹（今新疆库车县城东郊）国王倚仗匈奴的势力在北道肆行无忌。他派兵攻破疏勒（今新疆喀什市）国，杀死国王，另立龟兹人兜题为疏勒王，疏勒国实际掌握在龟兹人手中。第二年春，班超带手下人从小道向疏勒国进发。班超行至兜题居住的架橐城九十里的地方，派手下吏员田虑去招降兜题。班超指示说：“兜题并不是疏勒人，疏勒国民一定不会为他尽忠效命的，他如果不肯投降，就将他扣押起来。”田虑只身来见兜题。兜题见田虑势单力孤，根本没有投降的意思。田虑乘其不备，抢上去劫持了他。变起突然，兜提手下的人惊惧奔走。田虑乘马疾驰，到班超处复命。班超当即来到架橐城。把疏勒文武官员全部集中起来，向他们陈说龟兹种种不合理的行径，宣布另立原来被杀掉的疏勒国君的侄儿叫“忠”的当国王。疏勒人大悦。新王和一班官员要杀死兜题，但班超从大局出发，为了宣示汉王朝的威德信义，说服大家，释放了兜题。疏勒平定。

至此，班超两次出使，凭借智勇，已先后使鄯善、于阗、疏勒三个王国恢复了与汉朝的友好关系。

公元 75 年，汉明帝去世，焉耆（今新疆焉耆回族自治县）国乘汉王朝大丧的机会，围攻西域都护，杀死了都护陈睦。班超孤立无援，而龟兹、姑墨（今新疆温宿、阿克苏一带）等国也屡屡发兵，进攻疏勒。班超跟疏勒王忠互为犄角，首尾呼应，拒守架橐城。虽然势单力孤，但仍拒守了一年多。

公元 76 年，汉章帝即位，朝廷认为陈睦已死，担心班超独处边陲，难以支持，下诏命班超回国。班超受命将归，疏勒举国忧恐。都尉黎弇说：“汉使如果离开我们，我们必定会再次被龟兹灭亡。我实在不忍心看到汉使离去。”说罢，拔刀自刎而死。班超率部至于阗，于阗国王和百姓都放声大哭，他们说：“我们依靠汉使，就好比孩子依靠父母一样，你们千万不能回去。”不少人还抱住班超的马腿苦苦挽留。班超见状，自知于阗父老决不会让他东回，而他也想留在这里，完成他立功异域的宏愿，便毅然决定，不回汉朝，重返疏勒。疏勒有两座城在班超走后，已经重新归降了龟兹，并且与尉头国（今新疆阿合奇）联合起来，图为大乱。班超捉捕反叛首领，击破尉头国，杀六百余人，使疏勒复安。

汉章帝建初三年（78 年），班超率疏勒等国士兵一万多人，进攻姑墨，并将其攻破，斩首七百级，孤立了龟兹。

五年（80年），班超上书给章帝，分析西域各国形势及自己的处境，提出了要趁机平定西域各国的主张。班超在书中首次提出了“以夷制夷”的策略。

汉章帝览表，知班超功业可成，非常满意，准备增加班超的力量。平陵人徐干与班超志同道合，请求奋身异域，辅佐班超。朝廷当即任命他为代理司马，派他带领一千人去增援班超。

起初，莎车以为汉兵不会来，于是降于龟兹，疏勒都尉番辰也随之反叛。正好徐干到达疏勒，班超与徐干一起，杀掉了番辰，斩首千余级，平息了叛乱。班超攻破番辰之后，想进军龟兹。当时，乌孙国兵力强盛，班超认为该借助它的力量，于是上书：“乌孙大国，控弦十万，故武帝妻以公主，至孝宣皇帝，卒得其用。今可遣使招慰，与共合力。”章帝采纳了他的建议。

建初八年（83年），拜班超为将军长史，假鼓吹幢麾。升任徐干为军司马，另外派遣卫侯李邑护送乌孙使者，赐大小昆弥以下锦帛。

李邑走到于阗，正赶上龟兹进攻疏勒，吓得不敢再向前行。为了掩饰自己的怯懦，他上书给朝廷，说西域之事劳而无功，又说班超“拥爱妻，抱爱子，安乐外国，无内顾心”。班超闻之，叹息不已：“身非曾参而有三至之谗，恐见疑于当时矣。”于是，毅然让妻子离开了自己。汉章帝深知班超公忠体国，下诏书切责李邑，诏书中说：“纵超拥爱妻，抱爱子，思归之士千余人，何能尽与超同心乎？”还命李邑接受班超的管辖调度，说让班超根据情况决定是否让李邑留在西域。

班超当即让李邑带着乌孙侍子回京。徐干劝班超：：“李邑之前毁谤你，企图让你平定西域的功业失败，现在为什么不遵循陛下的旨意把他留下来，另派人护送侍子呢？”班超说：“你怎么这样没见识呢？正因为李邑毁谤我，所以我现在才派遣他回国。我处心无愧，还怕别人讲什么呢？为了泄私愤而图快意把他留下来，这就不算忠臣。”

第二年，汉王朝又派和恭为代理司马，率兵八百，增援班超。班超准备调集疏勒、于阗的兵马进攻莎车。莎车派人跟疏勒王忠私下联系，用重礼贿赂他，忠背叛班超，发动叛乱，占据乌即城。班超改立府丞成大为疏勒王，调集兵力攻忠，康居（今巴尔喀什湖和咸海之间）国派精兵助忠。班超久攻不下。当时，月氏刚和康居通婚，班超派人给月氏王送了厚礼，让他对康居王晓以利害，康居王罢兵，把忠也带了回去，乌即城复归。

过了三年，忠从康居王那里借了一些兵马，住在损中，与龟兹勾结密谋，派人向班超诈降，班超洞见其奸，将计就计，答应他投降。忠大喜，便轻装简从来见班超。班超具食与乐，酒宴中，命人斩杀忠，并进军击败其兵众，南道遂通。

第二年（89年），班超调发于阗等国士兵二万多人，再攻莎车。龟兹王发遣左将军发温宿、姑墨、尉头合兵五万救援莎车。敌强我弱，班超决定运用调虎离山之计。他召集将校和于阗国王，商议军情。他故意装出胆怯的样子说：“今兵少不敌，其计莫若各散去。于阗从是而东，长史亦于此西归，可须夜鼓声而发”（《后汉书·班超列传》）。班超偷偷嘱托人故意放松对龟兹俘虏的看管，让他们逃回去报信。龟兹王闻之大喜，自己率万骑在西边截杀班超，派温宿王率领八千人在东边阻击于阗。班超侦知他们已经出兵，迅速命令诸部齐发，鸡鸣时分，直扑莎车大本营。营中无备，军士奔逃，班超追斩五千余级，大获其马畜财物。莎车国只好投降，龟兹王等也只好散去。班超由此威震西域。

当初，大月氏（今阿富汗境内）国曾经帮助汉朝进攻车师有功。公元 87 年，国王派遣使者，来到班超驻地，向汉朝进贡珍宝、狮子等物，提出要娶汉朝公主为妻。班超拒绝了这要求，大月氏王由是怨恨。

永元二年（90 年）夏，大月氏副王谢率兵七万，东越葱岭（今帕米尔高原和昆仑山脉西段、喀剌昆仑山脉东南段），攻打班超。班超兵少，大家都很恐慌。班超却说："月氏兵虽多，然数千里逾鲲领来，非有运输，何足忧邪？但当收谷坚守，彼饥穷自降，不过数十日决矣。"大月氏副王谢进攻班超，无法攻克，抢掠粮草，又无所得，果然疲惫不堪。班超估计其粮草将尽，必派人到龟兹求救，预先命几百士兵在东边埋伏，谢果然派兵带金银珠宝去龟兹求援。班超伏兵大出，杀死了使者，并派人拿给谢看。谢大惊，进退无据，只好遣使向班超请罪，希望能放他们一条生路，班超放他们回国，大月氏由是大震，与汉朝和好如初。

第二年，龟兹、姑墨、温宿等国皆降。朝廷任命班超为都护，徐干为长史，拜白霸为龟兹王，派司马姚光来送他。班超和姚光命龟兹废掉原来的国王尤里多，扶立白霸。姚光把尤里多带回了京师。

于是，班超驻扎在龟兹它乾城。此时，西域诸国，只剩焉耆、危须（今新疆焉耆东北）、尉犁（今新疆库尔勒东北）三国，因为曾杀害西域都护陈睦，心怀恐惧，尚未归汉。其余各国，均已平定。

汉和帝永元六年（94年）秋，班超调发龟兹、鄯善等八国的部队七万人，进攻焉耆、危须、尉犁。大军行到尉犁地方，班超派使者通告三国国王：“都护来者，欲镇抚三国。即欲改过向善，宜遣大人来迎，当赏赐王侯已下，事毕即还。今赐王彩五百匹。”

焉耆王广便派左将北鞬支送来牛酒，迎接班超。班超指责他说：“汝虽匈奴侍子，而今秉国之权。都护自来，王不以时迎，皆汝罪也。”班超手下的人劝他杀了北鞬支，班超不同意，他说：“非汝所及。此人权重于王，今未入其国而杀之，遂令自疑，设备守险，岂得到其城下哉！”于是班超送给北鞬支不少礼物，放他回国。焉耆王广见北鞬支无事，就亲率高官在尉犁迎接班超，奉献礼物。不过，他并非真想让班超进入他的国境。他一从班超那里返回，立即下令拆掉了国境山口的围桥。班超却从别的道路进入其国，在距王城二十里的地方驻扎部队。焉耆王见班超突然到来，出于意外，大惊，想逃入山中顽抗。焉耆国左侯元孟，过去曾入质京师，悄悄派使者向班超报信。班超为了稳定焉耆国贵族，斩杀了元孟的使者。班超定下时间宴请三国国王及大臣，声言届时将厚加赏赐。焉耆王广、尉犁王泛及北鞬支等三十多人信以为真，一起到会。焉耆国相腹久等十七人害怕被杀，逃跑了，危须王也没有来。

宴会开始，大家坐定，班超突然变了脸色，责问焉耆王等“危须王为何不到?腹久等为何逃亡?”喝令武士把广、泛等一举捉获，并在当年陈睦所驻的故城，把他们全部斩杀，传首京师。又纵兵抢掠，斩首五千余级，获一万五千人，马畜牛羊三十余万头。接着班超另立元孟为焉耆国王，为稳定局势，班超在那里停留了半年。

至此，西域五十多个国家都归附了汉王朝，班超终于实现了立功异域的理想。

班超感觉久居在偏远的异地，年老以后便逐渐开始思念故国。永元十二年（100 年），班超上书朝廷请求能够回国，他的妹妹班昭也上书请求把班超召回国，奏章送达后，和帝被感动，于是召班超回朝。班超在西域共三十一年。

永元十四年（102 年）八月，班超回到洛阳后，被任命为射声校尉。班超的胸肋本来就有病，在回国后，病情加剧，和帝派遣中黄门慰问，并赐给他医药。

同年九月，班超逝世，享年七十一岁。朝廷感到怜悯，派使者专门吊唁致祭，赏赐极为优厚。

班超以非凡的政治和军事才能，在西域的三十一年中，正确地执行了汉王朝“断匈奴右臂”的政策，自始至终立足于争取多数，分化、瓦解和驱逐匈奴势力，因而战必胜，攻必取。不仅维护了东汉的安全，而且加强了与西域各族的联系，为平定西域，促进民族融合，做出了卓越贡献。

班超的儿子班勇继承了父亲的遗志，重新接管了对西域的基本控制，让丝绸之路保持通畅。后来，班勇遭冤狱罢免，他又继承了家族的遗志，将自己和其父在西域几十年的经历见闻收集整理，写成《西域风土记》一书，对西域诸国的里距方位，以及气候地势、物产风俗都做了较详的记载，让中原对西域的认识进一步加深。

兄妹手足，千古佳话

班昭的两位胞兄，都是很有头脑的人。两兄弟的情谊因大哥班固遭到冤枉，做弟弟的班超为之辩冤而更加深厚了。班昭受到了感染，到必要的时候也会挺身而出的。

事情的始末在《汉书·班彪传》里，有详细的记载。

班彪去世后，班固要继承父业，用写史表达悼念之诚。“固以彪所续前史未详，乃潜精研思。”未详，便欲求其详。求其详便要花大力气。一般来说，逝父之忧不是守庐尽孝就是忧伤难抑打不起精神来。班固的行为是受责任感的驱使，应该说，其情可悯，其志可嘉。又谁知风波骤起，不仅要把他写的史书，扼死在萌芽状态中，还要把这个有志之人诬为叛国逆徒，私改国史的罪魁。陷害人的钻穴觅空，下属官员也是唯皇帝命令是听。“既而有人上书显宗，告固私改作国史者。有诏下郡，收固系京兆狱，尽取其家书。”一告就灵，皇帝让人抓起班固，送到京城监狱，抄家拿着班固所写的书稿作为罪证。班固的一片苦心骤成泡影，牢狱之灾恰好磨炼其不悔之心。

谁最了解班固呢？谁肯冒死为之奔走呢？那是他的弟弟班超。班超善于分析政治形势，既有前车可鉴，岂能让耿耿忠心的兄长冤死狱中，甚至祸及家族。实在是岌岌可危，欲告无门。“先是扶风人苏朗伪言图谶事，下狱死。”苏朗是“自作孽不可活也”。班固有半点与之相同吗？没有。班超权衡利害得失，急如星火地赶赴京师。“恐固为郡所覈考，不能自明，乃驰诣阙上书。”他的担心不是没有道理的。旧社会在办案方面，屈打成招的案例无法统计，只不过留与后代讲古时一声长叹罢了。行动迅速的班超，是在班固受诬告后，定案前的极短时间里，赶到了京城，上书给皇帝的。其晓行夜宿的辛苦，不言而喻，忧心如焚，可想而知。所幸的是“得召见”，就是受到了皇帝的召见。有机会“具言固所著述意”。通过详详细细的陈述，可见班超对班固所写的史书非常清楚，简直如同自己写的一般。事有凑巧，“而郡亦上其书”。郡中的官吏也觉案情重大，不敢擅自主张，把班固的作品直接送到皇宫。“显宗甚奇之，召诣校书部，除兰台令史，与前睢阳令陈宗，长陵令尹敏、司隶从事孟异共成《世祖本纪》。迁为郎、典校秘书。”弄清原委，擢用奇才，班固得到写史的重权。兰台令史六人，秩百石，掌书劾奏。写《世祖本纪》有功，又被提升为郎，典校秘书。

班固以完成史书为己任，才华又高出云表，很快地写出了一系列作品。“固又撰功臣、平林、新市、公孙述事，作列传，载记二十八篇，奏之。”经过一番严峻的考验，他才获得了按照自己原有的写作计划，编撰史书的权利。“帝乃复使终成前所著书。”

由此，班固独立思考，发挥才智，遵古而不泥于古，重前人成绩，却找出其不足，而决定了自己的写作纲领。他认为汉代是了不起的朝代，是继承了圣明君主尧的运气，成就了帝王之业“汉绍尧运，以建帝业。”那么，在写史上有什么偏差呢？那就是有三个问题。一是历史出现了断条，二是有所贬低，三是大面积空白。于是进行了史无前例或有例还需大量充实的工作。“故探撰前记，缀集所闻，以为《汉书》。”所记年代为“起元高祖，终于孝平王莽之诛，十有二世，二百三十年”。与历史上成名之作有何关系？“综其行事，傍贯五经，上下洽通，为《春秋》考纪、表、志、传凡百篇。”其成书时间“固自永平中始受诏，潜精积思二十余年，至建初中乃成”。其影响之大是“当世甚重其书，学者莫不讽诵焉”。

倘若不是班超为之上书辩冤，力陈其忠，其著，可昭天日，班固决不会有这般成就。

班氏兄弟同胞义、手足情，岂为一己之私？简直是推动历史前进的巨大力量。为后世留下了宝贵的精神财富，可谓功高盖世。

文能济世，武可匡国。班氏兄弟文武全才。班超投笔从戎的故事，流传千载，鼓舞多少文人，或者说是知识分子，拿起刀枪，驰骋疆场，保卫祖国，保卫边疆，促进建设，赢来和平！立大功的班超，有赫赫的战功，在中国历史上获得了应有的地位。

《后汉书·孝和孝殇帝纪》记载：“夏五月……月氏国遣兵攻西域长班超，超击降之。”六年秋“西域都护班超大破焉耆、尉犁，斩其王，自是西域降服，纳贡者五十余国。”

《班超传》历述受兄固的推荐、支持，由兰台令到军司马。后屡出奇兵，大获全胜，被帝拜为将兵长史。

待遇如同大将“假鼓吹幢麾”。关于再升官职，有一段精彩的记录：“永元二年，月氏遣其副王谢，将兵七万攻超，超众少，皆大恐。超譬军士曰：‘月氏兵虽多，然数千里逾葱岭来，非有运输，何足忧也？但当收谷坚守，彼饥穷自降。不过数十日决矣。’谢遂前攻超不下，又钞掠无所得。超度其粮将尽，必从龟兹求救，乃遣兵数百于东界要之。谢果遣骑赍金银珠玉以赂龟兹，超伏兵遮击尽杀之，持其使首以示谢，谢大惊，即遣使请罪，愿得生还，超纵遣之。月氏由是大震。岁奉贡献。明年，龟兹、姑墨、温宿皆降，乃以超为都护。”班超善于分析敌情，善于用兵，善于做群众的思想工作，对认输者，又会恩威并施。

当五十余国皆进贡、交人质、归附于汉时，永元三年，皇帝下诏列举班超的功劳，并阐明封侯的目的：“……先帝重元元之命，惮兵役之兴，故使军司马班超，安集于阗以西。超遂逾葱岭，迄县度。出入二十二年，莫不宾从。改立其王而绥其人。不动中国，不烦戎士，得远夷之和，同异俗之心，而致天诛，蠲宿耻，以报将士之仇。司马法曰：‘赏不逾月。’欲人速睹为善之利也。其封超为定远侯，邑千户。”

每次封官，班超都没有沾沾自喜。这和他青年时投笔从戎的动机是一致的。他说：“大丈夫无他志略，犹当效傅介子、张骞，立功异域，以取封侯，安能久事笔砚间乎？”

班超在给皇帝上书中，恳切要求归乡，只字未提功高乞养事：

臣闻太公封齐，五世葬周。狐死首丘，代马依风。夫周齐同在中土，千里之间，况于远处绝域，小臣能无依风首丘之思哉。蛮夷之俗，畏壮侮老。臣超犬马齿歼，常恐年衰，奄忽僵仆，孤魂弃捐。昔苏武留匈奴中尚十九年，今臣幸得奉节，带金银，护西域。如自以寿终屯部，诚无所恨，然恐后世，或名臣为没西域。臣不敢望到酒泉，但愿生入玉门关。臣老病衰困，冒死瞽言。谨遣予勇随献物入塞。及臣生在，令勇目见中土。

班超欲以怀乡思国之情，打动君王，君王未为所动。班昭代兄上书，在《班超传》里，与超上书衔接。其后被收入《古文析义》一书中，世传此珍品，如捧政治宏论。

君王受感动，征超回洛阳，拜为射声校尉。超有胸肋疾，回到故国仅一个月，便溘然长逝。昭的一纸奏文功莫大焉。一显君王盛德，二慰边将老臣之心，戎马一生的班超死而无憾。

班昭奏疏中称皇帝对臣下的封赏是“天恩殊绝”，治国是“以至孝理天下”。这些话，君王听起来十分入耳。

班昭述超的战绩，突显其忠勇，且毫不夸张。得以生存归功于“赖蒙陛下神灵”。如此效忠之臣，君王岂能不视为股肱、腹心。

班昭从召回班超能利于国家安定强盛的角度加以申说，题目大而凿实。君王倘能深谋远虑，岂有不动之理。

班昭从关心班超健康角度，如小儿女向父执、慈母哀哀乞怜，暗含君臣犹如父子情义，君王铁石之心也能为之软化。

班昭从班超的过去、现在，再推测到未来，君王还怎么能固执己见，不下现成台阶呢？

兹引原奏疏如下：

妾同产兄西域都护定远侯超，幸得以微功，特蒙重赏，爵列通侯，位二千石，天恩殊绝，诚非小臣所当被蒙。

超之始出，志捐躯命，冀立微功，以自陈效。会陈睦之变，道路隔绝。超以一身，转侧绝域，晓譬诸国，因其兵众。每有功战，辄为先登。身被金夷，不避死亡。赖蒙陛下神灵，且得延命沙漠。至今积三十年，骨肉生离，不复相识。所与相随，时人士众，皆已物故。超年最长，今且七十。衰老被病，头发无黑。两手不仁，耳目不聪明，扶杖乃能行。虽欲竭尽其力，以报塞天恩，迫于岁暮，犬马齿索。蛮夷之性，悖逆侮老，而超旦暮入地。久不见代，恐开奸宄之源，生逆乱之心。而卿大夫咸怀一切，莫肯远虑。如有卒暴，超之气力，不能从心。便为上损国家累世之功，下弃忠臣竭力之用。诚可痛也。故超万里归诚，自陈苦急，延颈逾望，三年于今，未蒙省录。

妾窃闻古有十五受兵，六十还之。亦有休息，不任职也。缘陛下以至孝理天下，得万国之欢心。不遗小国之臣，况超得备侯伯之位。故敢触死，为超求哀。匄超余年。一得生还，复见阙庭，使国永无劳远之虑，西域无仓卒之忧。超得蒙文王葬骨之恩，子方哀老之惠。诗曰："民亦劳止，汔可小康。惠此中国，以绥四方。"

超有书与妾生诀，恐不复相见。妾诚伤超，以壮年竭忠孝于沙漠，疲老则便捐死于旷野，诚可哀怜。如不蒙救护，超后有一旦之变，冀幸超家得蒙赵母卫姬先请之贷。妾愚戆不知大义，触犯忌讳，书奏。

班昭引《周礼》所言服兵役的制度，当无可驳。引《诗经》说明先施恩惠于国，然后能安定四方。引《史记》《列女传》，表示效赵括之母、齐桓公之姬，请罪在先，不受连坐。于公于私说得面面俱到。

说理处，运用排比，以增气势，正反兼及，无懈可击。感叹处，用“诚可痛也”，“诚可哀怜”句，欲以己之感慨，激起君王感情上的共鸣。

整篇奏疏中心是说明班超应该被召还朝。超上书乞归，感情凄切，只说明自己思归可谅，对国家、对民族，将有什么好处略而未谈，故搁置三年。班昭则在“应该”两字上做文章，既说动了君王，也征服了人心。

班超为兄解脱囹圄之苦，班昭代兄求得荣归，都有冒险成分，兄妹智勇双全，成为千古佳话。

第三章 博古通今，修《汉书》著《女诫》

班昭的《女诫》影响深远，不仅对当时的社会有巨大作用，就是在今天看来也有着借鉴的意义。而其继承父兄遗志续写的《汉书》，更是一部杰出的史传文学作品，给后人留下宝贵的精神财富。

继父兄遗志，续写《汉书》

《汉书》是《史记》之后又一部具有开创范例的重要史学著作。它倾注了班氏一门父子、兄妹，两代三人的毕生心血。

由于《史记》只写到汉武帝的太初年间，因此，当时有不少人为其编写续篇。据《史通·正义》记载，写过《史记》续篇的人就有刘向、刘歆、冯商、扬雄等十多人，书名仍称《史记》。班固的父亲班彪（公元3年~公元54年）对这些续篇感到很不满意，遂“采其旧事，旁贯异闻”为《史记》“作《后传》六十五篇”。

班固（32—92），班彪长子，字孟坚，自幼聪慧好学，9岁就能诵诗赋， 做文章。13岁时见到王充 (东汉哲学思想家，曾师从班彪)，经过简短谈话，王便知其志向。王充拍着他的脊背对班彪说：“此儿必记汉事。” 16岁入太学，博览群书，对儒墨道法九流百家学问，均能考其源流，达到无不知晓的程度，再加上他宽厚包容的性格，又“不以才能高人”，深受当时学者的器重。

班固23岁时，其父班彪病逝。他离开太学扶其父灵柩回安陵家中守丧。居家期间，仔细地阅读了父亲留下的《史记后传》遗稿，发现有许多不详之处，于是决定继承父亲的未竟事业。

写史注定是一件要遭受磨难的事，不说太史公狱中受腐刑而著《史记》，单看历朝历代那不计其数因秉笔直书而被囚的史官，便可知个中滋味了。

正当班固潜心整理和撰写《汉书》的第五个年头，不料祸从天降，有人告发他私改“国史”，被捕入狱，家藏资料书稿被全部抄走。其弟班超远在家乡，听到消息后担心哥哥无法自明，星夜赶到京师，上书汉明帝，为兄申冤，说明班固修《汉书》的目的是颂扬汉德，让后人了解历史，从中获取教训，并无毁谤朝廷之意。此时，扶风郡太守也把班固所撰书稿呈皇帝批阅。明帝听了班超的辩解，又看了书稿，十分赞赏班固的才学，立即开释，汉明帝更给了班家一些钱财，帮助他们写下去。不久任命他为兰台令史。兰台是东汉国家的藏书之地，类似今天的图书馆。班固在此供职，如鱼得水，得以饱览天下图藉。班固又奉诏与陈宗等人编撰光武帝刘秀的传记《世祖本纪》，明帝看后，认为他确有撰写史书的才能，就命他为郎（皇帝侍从官），继续撰写《汉书》。

汉明帝颇赏识班固的才能，召为兰台令史，秩俸为六百石，后转迁为郎。当时兰台令史傅毅是他的同事，二人皆以文闻名，班固与弟班超书曰：“武仲以能属文，为兰台令史，下笔不能自休。”此即“文人相轻”的典故。

班固为郎后，常与明帝亲近。到章帝时，因皇帝“雅好文章”，他更加得到信任，经常参与国家大事的讨论。公元 78 年（建初三年），班固升玄武司马。第二年，章帝亲自主持白虎观会议，当时有许多著名学者参加辩论，班固以史官兼记录身份出席会议。会后撰成《白虎通德论》（史称《白虎通义》）。此书虽有浓厚的迷信色彩，反映了班固的正统儒家思想，但其中也保存了不少经书古义和当时的物名制度，有一定的学术价值。

班固与当时把持朝纲的外戚窦宪因同乡而关系密切。汉和帝永元元年（公元 89 年），窦宪率兵伐匈奴，班固随其出征，任中护军，行中郎将事，大破匈奴后，勒石燕然山的铭文，即出自班固手笔。班固“不教学诸子，诸子多不遵法度”，洛阳令种兢被班固的家奴醉骂，怀恨未忘。汉和帝永元四年窦宪失势自杀，班固受牵连而被免官职，种兢利用窦宪事败之机，逮捕班固，日加笞辱。班固死在狱中，年六十一岁。班固为撰写《汉书》，潜精集思，历时 20 余载，共撰纪 12 篇，传 70 篇，志 9 篇，还有“八表”“天文志”尚未完成。

公元 99 年（永元十一年），汉和帝在解决朝廷矛盾巩固政权之后，注意发展文化事业。他对因窦氏集团受牵连而死的班固十分惋惜，下诏谴责逮捕班固入狱的种兢，严惩主办此案的官吏，召班昭入东观（洛阳南宫）藏书阁，继续完成《汉书》的写作。

班昭是深明大义、顾全大局的人，当和帝要她到东观续修《汉书》时，为完成父、兄的未竟之业，她忍着失去长兄的痛苦，毅然奉诏前往。班昭到藏书阁后，发现《汉书》原稿已经“散乱”（一种说法是种兢逮捕班固时干的勾当），因此，她决定先进行“校叙”，然后再续写。“校叙”就是把已“散乱”的书稿按次序进行重新编排，再仔细校订，改正错字，增添漏字，但要把《汉书》这样的鸿篇巨著重新整理编撰出来，实非易事。为此，班昭付出了十分艰巨的劳动和毕生的精力。

这时候的班昭已经47岁左右，生活阅历日丰，读书积累日厚，内心坚定，姿态从容，渐渐进入人生与学识的鼎盛期。长兄是她的精神支柱，也是她史学上的领路人，长兄的去世对她是沉重的打击，但也不是致命的。煌煌《汉书》尚未全部完成，她清楚这部史书对父兄的意义，这未竟的事业需要一个人来做，那就是她。

是时，朝廷上下无一人能续《汉书》，它卷帙浩繁，用典奥雅，部分篇章佶屈聱牙，阅读难度大大超过《史记》，有些鸿学大儒甚至连读通它也难。和帝听说班昭博学多才，且已参与过该书的编纂，就下诏让她到东观藏书阁续史，由当时的鸿儒马续协助。东观是汉代皇家藏书的地方，相当于今天的国家图书馆，资料极为丰富。班昭就在这里，穷年累月，孜孜不倦，阅读了大量史料，据此整理父兄遗留下来的散简，进行详细的核对和修订，并补写了“八表”及“天文志”。整部《汉书》中，最棘手的是第七表《百官公卿表》和《天文志》，这两部分都是班昭独立完成的，但她还是署的班固之名，不知是出于谦逊，为人低调，还是为了纪念兄长。

终于，班家人为之奋斗近四十年的这部巨著，在班昭一个女人的手中完成了。公元113年（永初七年），班昭在完成了《汉书》的全部“校叙”，又编撰了“八表”之后，已经60多岁，年老体衰，力不从心，于是在征得邓太后同意的情况下，请经学家马融之兄马续（一说是马融之弟），编撰《天文志》。马续根据班昭的写作原则和要求，又经数年努力，完成了《天文志》。最后由班昭统稿总其成。至此，倾注父子、兄妹两代三人数十年心血的史学名著《汉书》，终于问世。令人惊奇的是，《汉书》虽经四人之手完成，后人读起来却十分贯通，如出一人手笔。可见，班昭的续写部分及对全部书稿的整理、修改、润色的文史功力。

《汉书》抄写出来后，因喜用古字古训，辞义深奥，不易读懂。朝廷便选派马融等十位“高才郎”跟随班昭学习《汉书》。班昭教导他们十分耐心。像马融这样的大学问家都拜班昭为师，这在两汉数百年的历史中也是绝无仅有的，可见班昭的史学成就是极高的。她对《汉书》的传播与普及也是功不可没的。

女子修史，此前此后绝无仅有，二十四史正史中更是绝无可能，班昭正是唯一的空前绝后的一个。更为难能可贵的是，这部书虽经班彪、班固、班昭和马续四人之手，读来却“先后媲美，如出一手”，原文与续写部分十分和谐。在当时，一经刊行便获得了非常高的评价，学者们争相传诵，赞不绝口。在后世，史学家们称赞它“言赅事备”，“文赡事详”，闻见博洽，足可与《史记》齐名。

《汉书》是中国第一部纪传体断代史，“二十四史”之一。《汉书》是继《史记》之后我国古代又一部重要史书，与《史记》《后汉书》《三国志》并称为“前四史”。《汉书》全书主要记述了上起西汉的汉高祖元年（公元前206年），下至新朝的王莽地皇四年（公元23年），共230年的史事。《汉书》包括纪十二篇，表八篇，志十篇，传七十篇，共一百篇，后人划分为一百二十卷，共八十万字。《汉书》把《史记》的“本纪”省称“纪”，“列传”省称“传”，“书”改曰“志”，取消了“世家”，汉代勋臣世家律编入传。这些变化，被后来的一些史书沿袭下来。

作为我国第一部纪传体断代史，它开创了“包举一代”的写史体例，此后历代皆仿照它纂修纪传体的断代史。这算得上是里程碑式的开创，其影响不可谓不远，在史学史上的价值和地位不可谓不高。

它的语言庄严端正，用辞典雅深奥，多用骈偶句法，深得历代文人喜欢。据说，宋朝诗人苏舜钦，性格豪放不羁，好饮酒。住在他岳父杜祁公家，每晚边读书边喝酒，一晚一斗酒是常事。祁公私下派人去看是怎么回事，只听苏舜钦正读《汉书》，读到《张良传》中“良与客狙击秦皇帝，误中副车”，立刻抚掌而叹曰：“可惜啊！不中！”遂满引一大杯。又读到张良对刘邦说的话：“始臣起下邳，与上会于留，此天以授陛下。”又拍案道：“君臣相与，难能可贵！”再举一大杯。祁公听到汇报之后，大笑说：“有如此下酒物，一斗也不算多啊！”汉书下酒，从此成了一个风雅的典故。

“表”作为史书中的体裁，其主要优点是将人、时、事使用“表”的形式作言简意赅的阐述，清晰易懂好记，所以说史书中有“表”，是我国纪传体编撰方法的一个创造。“八表”均有前言或称序言，字数不一，多的长达近千字，少的不足百字，一般三四百字。前言对表的内容作扼要介绍和评说，实际上起到了导读的作用。

《汉书》中的“八表”系班昭所为。这种看似简单的“表”，实际需要在大量相关材料的基础上进行详细的考证选择与分门别类，然后才能填入表内。“八表”的编写体例，模仿《史记》中的“十表”，但有所改进。如《史记》中的《汉兴以来诸侯王年表》，把同姓、异姓、王侯合为一编，而班昭则将同姓、异姓王侯分开，编成《诸侯王年表》《异姓诸侯王年表》，这样不但可以纵向查考，而且便于横向比较，从中探索汉代皇帝对同姓、异姓诸侯王的不同政治态度。再如《史记》中只列了《高祖功臣侯者年表》，高祖之后所有皇帝功臣均未列。为了弥补这一缺陷，班昭把高祖到文帝的功臣编为《高惠高后文功臣表》，又将景帝到成帝的功臣编成《景武昭宣元成功臣表》。可贵的是，班昭特创立《百官公卿表》，对汉承秦制以来的设官分职和各级官员的权限、俸禄、爵位、等级及任、免、迁、死等情况，都做了简明的记载。值得注意的是，班昭针对西汉一朝外戚受宠封侯现象，专列《外戚恩泽侯表》，用事实表明她对西汉封爵极滥的不满。

总之，一部《汉书》，由其父班彪开端，其子班固承大业，其女班昭总其成。父子兄妹两代三人，毕其精力，垂范后世。

可以说，若非班昭，《汉书》就不可能面世。而没有了《汉书》，二十四史的高度、深度和饱满度还能如今天这般吗？后世之人，更不知何时才会有断代纪传这样便捷的传统了。

从《汉书》看班昭的史学思想

班昭是一个有着非常正统思想的史学家，她的著作不仅有《汉书·八表》，而且她还在完善《汉书》方面有非常大的贡献，在我国的历史上有很大的影响。随着汉朝一统天下局面的出现，产生一套能总结这一历史发展趋势和规律的历史认识就成为史学家迫切需要解决的问题。按照儒家的政治理想来认识古代社会，成为史学发展的必然趋势，从而形成了一个以儒家思想为基调的历史系统。如袁宏在《后汉纪·序》中指出的，“史迁剖判六家，建立十书，非徒记事而已，信足以扶明义教，网罗治体”，《史记》位列二十四史之首，这不仅肯定了儒家的正统地位，而且奠定了后世史书的思想基础。

第一，经世致用的治史目的。对于一个史学家，班昭是非常看重历史的政治借鉴作用，因此，她在研究历史的过程中，会从中取鉴资治，寻找到革除时弊的社会蓝图和方法，以求服务于当代社会，达到经世致用的目的。因此在总结历史之时，班昭把圣王作为后世的价值标准和行动指针，以表的形式来详细展现，既用自己的历史文本回答了时代的需要，表明了她作为一位史学家的高度社会责任感，同时也体现了一位女性史学家特有的细腻。如“自书契之作，先民可得而闻者”，鉴于历史的可知性，班昭在《八表》中提出“究其终始强弱之变，明监戒焉”，“以往况今”。古代圣王作为治理天下的完美化身，他们所代表的时代作为今人眼中的理想社会，其治理社会的模式、处理政事的方法都值得后人借鉴。因此，班昭对汉统治者借鉴历史的行为大书特书。汉朝采取古法，“汉兴之初，海内新定，同姓寡少，惩戒亡秦孤立之败，于是剖裂疆土，立二等之爵。功臣侯者百有余邑，尊王子弟，大启九国”；在对待功臣问题上，“自古帝王之兴，曷尝不建辅弼之臣所与共成天功者乎！”于是汉朝统治者“追述先父之志，录遗老之策，高其位，大其寓，爱敬饬尽，命赐备厚。大孝之隆，于是为至”；在处理民族问题方面，因为是在圣王时期的“蛮夷帅服”“徐方既俫”，汉朝统治者“侯降者”，“开封赏之科”。

第二，强烈的崇汉倾向。和《史记》“不虚美，不隐恶”的实录精神相比的话，“为统治者歌功颂德、以儒家道德评判历史人物已成为东汉统治者和史家的共识”。鉴于汉代统治者在政治、经济、文化上的卓著成就，史学家不仅为此深感骄傲自豪，而且对汉朝的赞美之情也流溢于各个章节。如班昭在《异姓诸侯王表》中云：“汉无尺土之阶，繇一剑之任，五载而成帝业，书传所记，未尝有焉。”西汉的统治者不仅实现了天下的一统，而且分封诸侯，“论功而定封”功臣，封赏蛮夷，恩泽也延及外戚。其《景武昭宣元成功臣表序》更是直接以“功”字为主。班昭认为汉朝的兴盛是顺应历史发展趋势的，她在《诸侯王年表序》中指出：“今汉独收孤秦之弊，镌金石者难为攻，摧枯朽者易为力，其势然也。”不管怎么说，班昭对西汉统治者的歌颂可以说到了一个无以复加的地步。

第三，以儒家思想作为评判历史人物、历史事件的标准。班昭就是在儒学世家中长大的。班昭从内心深处认可了儒家思想，将之化作一种自觉的行动，使她积极地思考现实，关心政治，表现之一即为直接引用儒家经典作为她评判是非善恶的标准和立论依据，如《诗》载其制曰：“介人唯藩，大师唯垣。大邦唯屏，大宗唯翰。怀德唯宁，宗子唯城。毋俾城坏，毋独斯畏”；《王子侯表》中曰：“《诗》云：‘文王孙子，本支百世’，信矣哉！”另外班昭在其《古今人表》中把古代人物分为九等，不仅其所依据的标准是儒家代表人物孔子的言论，而且把儒家的人物都高居于上等和中上等。这不只是当时儒学独尊，而且也是在史学上的反映，班昭这样做实际上就是想要更多地提高儒家思想的地位。

第四，崇尚德治。最开始出现这种德治的思想就是在殷商时期，其内涵也就是一些严于律己，注重民生，敬天爱民，尊贤尚能等。“是以内恕之君，乐继绝世；隆名之主，安立亡国。至于不及下车，德念深矣。成王察牧野之克，顾群后之勤，知其恩结于民心，功光于王府也。”周武王入殷伊始，未及下车，即封黄帝之后于蓟，虞舜之后于陈。周成王认为牧野一战的胜利也是来自诸侯百姓的鼎力支持，因此都厚遇功臣，予以封赏。反之，如果统治者对自己的行为不加约束，违礼越轨，恣意妄为，则会招致自身的灭亡。如“子孙骄逸，忘其先祖之艰难，多陷法禁，殒命亡国，或亡子孙”。得到分封的诸侯如果不遵守礼法，任性而为，最终都将身败国裂。德治表现在治国方针上，则是强调以德为政，以仁义治国。

《诗》《书》这些作品都是夏商周三代的一个历史记录，所讲的内容也大部分是舜禹时期施行仁政、以德治国的历史信息。舜与禹施行禅让制，他们以德为政，历经数十年，终于一统天下。殷周之际，统治者以仁义治国，国家“历十余世”，可谓长治久安。班昭认为后世统治者都应“承圣王之烈”，实施仁政，以德治国。反之如果统治者舍本逐末，以武力攻伐为治国之策，或施行暴政，则会招致速亡，如秦朝历经“百有余载”统一的天下，“然十余年间”便功亏一篑。“王莽篡位，慕从古官，而吏民弗安，亦多虐政，遂以乱亡。”

人才的提拔和任用是非常关键的，这是一个国家兴衰的一个前提条件，因此统治者要想实现美政，就离不开贤能之士的辅助，必须尊贤尚能。即使“世代虽殊，其揆一也”。如周朝时期，“传称武王克殷，追存贤圣，至乎不及下车”。对贤才可谓求之若渴。高祖时期，“高帝拨乱诛暴，庶事草创，日不暇给，然犹修祀六国，求聘四皓，过魏则宠无忌之墓，适赵则封乐毅之后”，彰显了君主对贤能之士的尊重。汉武帝时期，“会上亦兴文学，进拔幽隐，公孙弘自海濒而登宰相，于是宠以列侯之爵。又畴咨前代，询问耆老，初得周后，复加爵、邑。自是之后，宰相毕侯矣”。对贤能的人，就应该加官晋爵，这就体现出了当时的统治者对人才的一种渴求。

除此之外，班昭还具有一定的民本思想，这是其思想中的亮点，表现在:一是痛斥秦朝暴政，认识到民众的力量，认为暴政加速了秦朝的灭亡，“秦既称帝……于是削去五等，堕城销刃，钳语烧书，内锄雄俊，外攘胡粤，用壹威权，为万世安。然十余年间，猛敌横发乎不虞，谪戍强于五霸，闾阎逼于戎狄，响应于谤议，奋臂威于甲兵。向秦之禁，适所以资豪杰而速自毙也，是以汉无尺土之阶，由一剑之任，五载而成帝业，书传所记，未尝有焉”。班昭认识到人民群众对灭亡秦朝的作用，反复强调“谪戍强于五霸，闾阎逼于戎狄，响应于谤议，奋臂威于甲兵”。“陈、吴奋其白挺，刘、项随而毙之。”基本上肯定了陈胜、吴广亡秦的首功，这是难能可贵的，但在《古今人表》中又将陈胜、吴广列为第六等，即中下等，表明班昭对民众存在着偏见。

二是关心民情，安帝永初七年，班昭在随其子曹成赴任陈留长途中，作了一篇《东征赋》，其中写道：“到长垣之境界，察农野之居民，睹蒲城之丘墟兮，生荆棘之榛榛。”同时，联想起子路、蘧伯玉的仁爱德政，这说明班昭思想中有其民本性的一面。

班昭的汉朝正统思想主要体现为西汉正统论，以强调西汉的历史合法地位。

首先来说形式上的具体体现。《八表》的排列，其次序为：异姓诸侯王表、诸侯王表、王子侯表、高惠高后文功臣表、景武昭宣元成功臣表、外戚恩泽侯表、百官公卿表、古今人表。总之，她以汉朝为中心，然后非常严格地进行等级排列，这个时候就展示了汉朝的发展过程，同时也凸显出了汉朝的正统地位。

其次而言，班昭的汉朝正统思想主要是在内容上，体现的是天命皇权、汉承圣王之烈和大一统三个方面。

第一，天赋皇权。这是为了论证汉朝政治的合法性以及正统性，班昭觉得，汉朝政治权力的获得是符合天意的，是天命皇权。如“故据汉受命，谱十八王，月而列之，天下一统，乃以年数”。“自古帝王之兴，曷尝不建辅弼之臣所与共成天功者乎！”正是因为高祖所开创的帝王基业是受命于天，属于正统，自高祖始，历代统治者要做的就是和辅弼之臣顺从天意，“共成天功”。

第二，宣扬“汉承圣王之烈”。在《汉书》中，班固宣扬“汉承尧运”，如在《高帝纪》中指出：“汉承尧运，德祚已盛，断蛇著符，旗帜上赤，协于火德，自然之应，得天统矣。”在《汉书·叙传》中云：“汉绍尧运，以建帝业。”“皇矣汉祖，纂尧之绪。实天生德，聪明神武。”班昭接受、继承了他的这一观念，并把它扩展为“汉承圣王之烈”，隐藏在《八表》的叙述和评论中。如汉朝统治者不仅在治国纲领上继承古代圣王的理论，而且在分封诸侯、王子侯、功臣、蛮夷乃至百官等问题上，都承袭了圣王之法。用这种一脉相传的关系证明汉朝的正统性。同时为了突出西汉王朝的正统地位，对于那些威胁刘汉王朝的政权，班昭则一律排斥于正统之外。

第三，“大一统”思想。董仲舒将“大一统”的思想定义为“尊王攘夷”“一统乎天子”，极力推崇国家的统一和民族之间的大融合。这种思想在汉代影响颇深。班昭作为一位具有正统意识的史学家，也自然受到这一思想的影响。具体表现在三个方面。

首先，要主张政治上的大一统。汉朝在结束了秦末的那种混战状况后，需要一统天下，然而，中央集权制的郡县制并没有真正巩固。班昭在《汉书·诸侯王表序》中指出了封国势力对西汉国家的危害："藩国大者夸州兼郡，连城数十，宫室百官，同制京师。""小者荒淫越法，大者睽孤横逆"的强大诸侯国构成了对汉朝中央的威胁之势，并最终于汉景帝时爆发了吴楚七国之乱。因此，为了维护汉朝政治上的一统局面，西汉中央与封国势力经历了几次斗争，"景遭七国之难，抑损诸侯，减黜其官。武有衡山、淮南之谋，作左官之律，设附益之法，诸侯唯得衣食税租，不与政事"。班昭不仅一一进行了具体的叙述，而且作了正确的总结："文帝采贾生之议分齐、赵，景帝用晁错之计削吴、楚。武帝施主父之册，下推恩之令，使诸侯王得分户邑以封子弟，不行黜陟，而藩国自析。"

其次，为了让汉朝能够早日实现大一统，班昭不断谴责外戚专权的行为。汉朝外戚集团就是通过了裙带关系，最后把持政权，对于这样的现象，班昭通过《外戚恩泽侯表》来表明她对西汉外戚受宠封侯的不满。班昭以侯者为经，世系为纬，记载了西汉外戚、恩泽的封侯情况，以反映外戚专权这一日趋严重的政治现象。如平恩戴侯许广汉"以皇太子外祖父昌成君侯，五千六百户"，乐昌共侯王武"以帝舅关内侯侯，六百户"，邛成共侯王奉光"以皇后父关内侯侯，二千七百五十户"。最甚者当为汉元帝之王皇后。其父阳平顷侯王禁"以皇后父侯，二千六百户，子凤以大将军益封五千四百户，凡八千户"。其他如安成侯崇、平阿侯谭、成都侯商、红阳侯立、曲阳侯根、高平侯逢时、安阳侯音、新都侯莽皆出自王氏一门。“家凡十侯，五大司马，外戚莫盛焉。”

在《诸侯王表》中，她指出：

至于哀、平之际，皆继体苗裔，亲属疏远，生于帷墙之中，不为士民所尊，势与富室亡异。而本朝短世，国统三绝，是故王莽知汉中外殚微，本末俱弱，亡所忌惮，生其奸心；因母后之权，假伊、周之称，颛作威福庙堂之上，不降阶序而运天下。诈谋既成，遂据南面之尊，分遣五威之吏，驰传天下，班行符命。汉诸侯王厥角稽首，奉上玺韨，唯恐在后，或乃称美颂德，以求容媚，岂不哀哉！

西汉末年，“本朝短世，国统三绝”，成帝、哀帝、平帝不仅都早崩，而且都没有子嗣继承皇位。而皇位的嫡系传承屡屡断绝，国势衰微，又给外戚专权造成了可乘之机。王莽得以篡夺天下。而汉朝的诸侯王不以维护汉朝为先，却“厥角稽首，奉上玺韨，惟恐在后，或乃称美颂德，以求容媚”。对于他们的这一卖国求荣之举，班昭表现出强烈的痛恨之情。另外班昭把《王子侯者表》分为上下两篇，表上云“号谥名”，而表下却云“号谥姓名”，这一改变“或曰痛王莽之行封权，特以待异姓之法默寓感慨也”。

再者而言，班昭的“大一统”思想主要体现的是处理民族的关系上面。她主张的是实现各民族的统一。这一思想在《景武昭宣元成功臣表》中有着非常明显的体现。指出异族之人“虽自外来，本功臣后”，也就是说，各民族本来就是一家的历史事实，这也恰恰体现出了班昭的民族思想。

班昭建立的恰恰也是一个儒家思想为基础的，认识历史、阐释历史的理论模式。这不仅影响到其对历史材料的选择，而且影响了其对历史事件、历史人物的评价。而这一现象的产生既与班昭所处的社会现实这一时代大环境息息相关，又与班昭出身于儒学世家这一家庭背景有关。汉代建立以后，由于得到统治者的重视，儒家思想的统治地位真正得到确立和全面发展，并迅速趋于繁盛。班昭自幼接触儒学，接受正规的儒学教育，儒家思想深厚而长久地积淀在她的内心世界。在社会和家庭氛围影响下，班昭原封不动地接受了儒学，并从内心深处认可了儒家思想，将之化作一种自觉的行动，使她积极地思考现实和历史。班昭汲取并接受了刘歆的五德终始说，认为汉朝作为合法的正统政权，“天赋皇权”和“一统天下”是其必备的条件。因此，出于政治上宣汉的需要，班昭在《汉书·八表》中宣扬“汉承圣王之烈”，对汉王朝歌功颂德，并且主张“尊王攘夷”，以实现政治上的天下一统。班昭浓烈的正统观念有她所处时代背景的影响，也与她自身对历史的认识相关。总之，现实和历史双重因素的共同作用使班昭强烈拥立汉朝为正统，也使《汉书》成为中国正统史学的代表。她将元帝时期君主的子孙不得封侯的事情都认为是天命早定。所以说，班昭的史学思想我们需要给予一个客观的评论。

班昭为什么写《女诫》

班昭的《女诫》一直被当作女教的圣经，班昭本人也成为女教的圣人。《女诫》分七篇，为卑弱、夫妇、敬慎、妇行、专心、曲从和叔妹。全文约两千字，所论述的男尊女卑、敬顺丈夫、曲从舅姑等的道理早在以前的儒家经典里就有了。如《礼记·内则》里就讲到“男子居外，女子居内，深闾固门，阍寺守之，男不出，女不入”。这就在空间上定义了男女的位置，也就是男主外，女主内。《周礼·天官·冢宰》最早提出“四德”，即说：“九嫔掌妇学之法，以教九御妇德、妇言、妇容、妇功，各帅其属而以时御叙于王所。”班昭的《女诫》与这些空疏的理论相比是更加具体化了，使理论变成一种易学易行的实践指导。这也就是《女诫》成为后世的圣典的原因之一。无论后世对班昭和《女诫》的定义怎样，班昭的出发点终究是为自家女作的家训，我们看到的是母亲谆谆的教诲。

纵观中国古代，这种家训类的文字主要有两类：

第一，对子孙侄的训导、规劝或遗嘱。此类如魏嵇康《家诫》、西晋李秉《家诫》、北齐魏收《枕中篇》、北周王褒《幼训》等，均是告诫子弟年少立身，不可不慎，以及如何为人，如何与人交往，如何以礼而行事的技巧，这一类训诫文在宋代以前的家训规条中是较多的，在内容上除了对子孙侄等的诫励，还包括作者本人立世为人的经验之谈。晋王详《遗令训子孙》则是以其年老告诫子孙务必要俭葬，不要奢葬的嘱托，甚至详细到尸体如何、陪葬如何、陵墓如何，属于专门为某件事而留下的遗嘱。

第二，对家中女儿的训、诫。此类训、诫在宋代以前的规训文中占有相当的比重，仅次于第一类训子孙侄文。现在留传下来的如东汉荀爽的《女诫》，蔡邕《女训》《女诫》，班昭的《女诫》，晋张载《女诫》，唐郑氏《女孝经》，宋若莘《女论语》等。荀爽与张载的《女诫》均是以古礼为据，讲述何为"妇道之常，顺为厥正"的道理。蔡邕《女训》是单单讲在舅姑面前鼓琴奏曲一事，《女诫》则是讲修饰面容与修身养性的关系，认为女子追求的目标应该是"心洁、心和、心顺、心正"，而不应仅仅是面容的美丽，从文章的体裁、内容与口气看，荀爽明显是写给其女荀采的，而蔡邕是写给其女蔡琰的，班昭《女诫》七篇更加明确地提出了是写给其女儿的，郑氏之文是写给其侄女的，唯一宋若莘《女论语》是具有明显的女教、训俗的目的。

我们已经明确地推出了班昭《女诫》就是一篇简单而寻常的家训。下面我们来分析下序言：

鄙人愚暗，受性不敏，蒙先君之余宠，赖母师之典训。年十有四，执箕帚于曹氏，于今四十余载矣。战战兢兢，常惧绌辱……而今而后，乃知免耳……男能自谋矣，吾不复以为忧也。但伤诸女方当适人，而不渐训诲，不闻妇礼，惧失容它门，取耻宗族。吾今疾在沈滞，性命无常，念汝曹如此，每用惆怅。间作《女诫》七章，愿诸女各写一通，庶有补益，裨助汝身。去矣，其勖勉之！

仔细分析这段序，无疑传达给了我们这样的信息：班昭的女儿在家里是不受约束的，或者受的比较少，做女儿在娘家是可以自由一点的，班昭担心的是她们出嫁以后，班昭的女儿们兼通文墨，可以读并且抄写母亲的训诫；女诫七章都是讲如何侍奉丈夫，如何孝顺舅姑，以及与夫兄夫嫂小叔小姑和睦相处的道理和方法，因此女诫重视的是在婆家为妇之诫。再者，通过“吾今疾在沈滞，性命无常”，我们看到这七章是在班昭一次重病差点失去性命之后而作，担心自己“人至将终”，大限将近的班昭迫切地感到，要对将要重复与自己同一生活轨迹的“诸女”说点什么。从“男能自谋矣，吾不复以为忧也”和“但伤诸女方当适人”的对比中，我们可以看出班昭的性别认同，这种性别认同来自其自身的生存体验。无论她怎样被男性意识形态控制，但她自身的生存却依然无法超越她的“女性之躯”。身体是我们认识世界的最基本的、最难以超脱的方式。就像女权主义者们，即使怎样的与男人平等地走上社会，但必须承认女人怀孕生子这一事实。这段序文明确地告诉了我们这篇文章的情感起点，同时也明确告诉了我们它的性质：一篇写给“诸女”的家训。而且是作为母亲的真挚的感情的流露，深怕女儿到婆家因不懂礼节而受苦，让我们感觉到的是朴素的教诲背后的温暖而又伟大的母爱。

另外，从汉代的几篇著名的《女诫》中都看出，起初的女诫文都是父母写给女儿的，都是告诫女儿出嫁到婆家要小心翼翼遵守婆家的行为规范。从女诫在训诫文中所占的比重来看，从汉代以来，就很重视出嫁女到婆家的处境与地位，因为只有女子一生要从一个家庭过渡到另一家庭，要从面对父母到面对舅姑，从女儿到儿媳，角色转变之大，生活差异之大，是家族中男性无法比拟的，此类诫文也就为后世所传抄而流传，成为世人家族训诫女儿的经典。

把班昭的《女诫》归为家训类作品时，特定的读者（诸女）会对作者价值选择形成强有力的制约，使这类作品更倾向于强调个人对社会规范的顺应。如，嵇康在他的《家诫》中事无巨细地告诫他的儿子要“慎微”。如：“若行寡言，慎备自守，则怨责之路解矣。”这完全不同于他逍遥豪爽不拘泥礼教的品性和风格，这说明了家训类作品的目的就是让子女们能够习得后而“全身远祸”，体现在自己力量单薄的状况下，要对社会大环境的顺应，也就是，当你无力改变现实的时候就只有改变自己来适应现实，而作为父母肯定不想自己的儿女在改变社会的大风浪中“受伤”，因此宁愿告诫他们“顺应”。这种情结就构成了“家训”与“圣经”截然不同的价值取向，决定了有着私人话语性质的“家训”与公众话语性质的“圣经”不可抹杀的差距。

东汉时期大兴儒学，《女诫》的成书大约在章帝年间，章帝号召天下名儒考订“五经”异同，并“亲临称制”，加以指点，然后命班固编著《白虎通义》。《女诫》的出现正好符合了当时统治阶级的需求，从男性倡导的男尊女卑到女性自己认同的地位的卑弱，而班昭的《女诫》正是这一转变的标志，这有利于维护以男性为中心的社会伦理建构。于是，从皇室后宫到贵族妇女都开始习得《女诫》。《女诫》具体而易行的“内容”就被传播开来。而在班昭之后，大家都不再去研究班昭著《女诫》的目的，而是选择了对于统治阶级有利的部分加以渲染，把女性禁锢在三从四德里，而且让这些内容成为女子一生追求的标准。

在班昭《女诫》“内容”的基础上，后代模仿这一体裁又编著出一批女子训诫专书，唐代的《女孝经》和《女论语》是这一发展过程中具有里程碑意义的女训书。如果说《女孝经》是从教自家女走向教天下女的开始，那《女论语》就宣告这一开始的正式成功，《女诫》的“女”和《女孝经》的“女”是指女儿或侄女，而《女论语》的女就是指女人，妇女，天下女人。而且《女论语》还标志着女子礼教的平民化，以往的女著基本上是面向上层士大夫家庭的妇女的，作者也是宦门出身。而宋若昭，中唐时人，出身于河北的一个普通儒士之家，她的《女论语》也没有采用既往女教著述的文言文，而是采用了极为通俗的四言诗形式，读起来不但朗朗上口，内容上也不重于义理的阐释，而是将女教具体化为日常生活、一言一行的详细礼仪规则，这样的形式和内容极为有利地传播了女教。

无论《女孝经》《女论语》还是明朝刘氏的《女范捷录》，这些都是《女诫》被圣经化的结果，也是《女诫》被圣经化的见证。

《女诫》中作为私人话语、为远祸而呈现的媾和性人格被后代的女训书当作女性的理想人格加以宣扬，把母亲的无奈曲从当成是女性的理想的生存状态来张扬，这一切将使得在男权社会里的女人的地位更加卑微。

从《女诫》看班昭的教育理念

班昭之所以能够名垂百世，不仅仅因为续写《汉书》，还因为她写了一部左右几千年以来中国女子教育的专著——《女诫》，对古代的女子教育造成了深远影响。

封建社会的女性一直是权利和道德禁锢下的牺牲品，班昭的一生也是极其悲哀的。《女诫》的伦理操守观念，扼杀了女性追求平等、幸福、自由的权利，用条条框框的思想规制，生生扼杀了后世千千万万女性追求美好生活的权利。有这样狭隘的教育观，却凭借自己的才华写出这样一部作品，其影响与班昭原本的写作初衷大相径庭，这无疑是莫大的讽刺。《女诫》云："女有四行：一曰妇德，二曰妇言，三曰妇容，四曰妇功。"此四者，女人之大节而不可无者也。这条陈规戒律，直到新中国成立前夕，还作为训诫女子的金科玉律而存在。同传统的儒家思想相契合，“三纲五常”和“女诫女训”是封建女性教育思想的主旨。班昭则借事育人，写成《女诫》。”《女诫》从女子教育的内容到形式，对女子教育进行了框定，是女子教育史上一部影响极其深远的著作。

班昭是东汉著名史学家班彪之女，班固、班超之妹。嫁与东汉平阳曹世叔为妻。曹世叔不幸早卒，班昭早寡守志，教子曹谷成人。长兄班固撰《汉书》，未竟而卒，班昭受命继承父兄遗志，奉命与马续共同续补八表和《天文志》，并整理考订，完成全书定稿工作。汉和帝还曾召班昭入宫，让后妃贵人拜她为师，又因其夫为曹姓，尊称“曹大姑”。邓皇后亲自从班昭学习儒家经传和天文算术，垂帘听政后遇事常找班昭商议。《女诫》是班昭晚年“但伤诸女方当适人，而不渐加训诲，不闻妇礼，惧失容他门，取辱宗族”而写的训女之作。《女诫》问世之后，很快被奉为古代中世纪女子教育方面的经典，被后世统治阶级誉为“简要明肃，足为万世之规”。

《女诫》全文共分八个部分，即《自序》和正文七篇，其主要内容是宣扬所谓的“节”“义”等女子必须遵循的封建伦理及道德规范，将女子言行规定在这些所谓封建正统的框框之内。

班昭因其著作为历代封建统治者所敬重，包括《女诫》在内的《女则》《女范》《女孝经》，都饱含了儒家教育思想经义，成为封建时代统治女性的重要工具。《女诫》本是作为班昭家学的私家产物，是教导训诫女儿的教科书，不料被京城世家豪门传抄风行，很快受到世人的称颂和沿用。

从《女诫》自序中可知，班昭“年十有四，执箕帚于曹氏，今四十余年矣”。据《历史人名大字典》载：班昭生于汉光武帝建武二十五年，那么14岁嫁给曹世叔时是汉明帝永平六年（公元63年），“四十余年”应是公元104—108年间。又据范晔《后汉书·列女传第七十四·曹世叔妻》载：“兄固著汉书，其八表及天文志未及竟而卒，和帝诏昭就东观藏书阁踵而成之。帝数诏入宫，令皇后诸贵人师事焉，号曰大家。每有贡献异物，辄诏大家作赋诵。及邓太后临政，与闻政事。以出入之勤，特封子成为关内侯，官至齐相。昭年七十余卒，皇太后素服举哀，使者监护丧事。”班固病逝于公元92年，由此推测，自此之前，班昭主要受家学文化的影响；之后班昭应该经常出入皇宫，思想观念应受皇宫人事的影响。因此，我们选择列举几件班昭亲人及宫中大事来寻求她创作《女诫》的教育思想真谛（事件均以范晔《后汉书》记载为据）。

光武帝建武二十五年（49年），大将军马援的女儿——马三小姐被选入太子宫，汉明帝永平三年（公元60年）因“德冠后宫”被立为皇后。建初四年（79年）病逝。这就是历史上有名的“明德马皇后”。

建武三十年（54年），班昭父亲班彪病逝。班固永元初（公元88年）随窦宪出征匈奴前曾“以母丧去官”，按守孝三年期满计算，班昭母应于建初十年（85年）左右去世。

建初二年（77年），汉章帝同时将窦氏、宋氏、梁氏三对姐妹花选入后宫，同时封为贵人，引起宫中争宠大战。激烈角逐残杀之后，窦氏取胜，借助外戚特权残杀异己，引起上下怨愤。

建初三年（78 年），汉章帝诏天下博士聚集白虎观议论“五经”同异，会后由班固撰写《白虎通义》。

永元四年（92 年），14 岁的汉和帝一夜之间铲除了窦氏家族的所有权利，并追查窦氏同党。班昭的哥哥班固因曾受大将军窦宪赏识而受牵连，病死狱中。

永元八年（96 年）汉和帝立阴氏为皇后，因之娇纵嫉妒，永元十四年（102 年）被废弃，同年病死，年仅 23 岁。

永元十四年（102 年），22 岁的邓绥以柔克刚登上皇后宝座，谥号和熹邓皇后。辅佐三代皇帝，“久临朝政”十八年。公元 121 年病逝。班昭几乎在宫中与邓太后伴随始终。

永元十二年（100 年），班昭二哥班超在匈奴上书和帝乞归，此时班超已经七十余岁，未许。永元十四年（102 年），班昭写《为兄超求代疏》，和帝许。班超同年在家中病逝。

元兴元年（105 年），只有一岁多的殇帝即位，由邓太后执政。元兴元年（106 年），殇帝夭折。

永初元年（107 年），13 岁的安帝即位，仍由邓太后执政。

依据以上历史资料，有两点可以推测：

一是班昭在撰写《女诫》训导女儿时，已经失去所有亲人。5 岁丧父，慈母离世，大哥事业未成又死于非命，二哥去世的余痛未消；历经六代君王的兴衰更替——光武帝、明帝、章帝、和帝、殇帝和安帝。尤其是后三位皇帝时期的前朝后宫、国事家事，班昭不但十分清楚而且通过邓太后间接参与。荣华与屈辱，生存与死亡，生命的短暂与欲望的无止境，定会让班昭感悟许多人生哲理。尤其是殇帝的夭折，阴皇后的早逝，会让班昭感到对生命的敬畏。反思历史，反观其身，在自身处境中思考和探索人生问题，并把它传授给即将独立生存的女儿，这是符合情理的。“吾今疾在沉滞，性命无常。念汝曹如此（指‘方当适人，不加训诲’），每用惆怅，因作女诫七章。”就是这种心情的真实写照。也就是说，班昭训诫女儿的是人生问题而不仅仅是女德问题。

二是明德马皇后去世的时候，班昭已经30岁了，定会听到人们对明德马皇后的赞美。身处后宫争宠恶境的马皇后，虽然德才兼备，却始终以谦逊清静为本，以读书为乐（最喜读董仲舒的《春秋繁露》），以端庄宽容知礼取胜。《续列女传》称赞她：“德后在家则可为众女师范，在国则可为母后表仪。”如果说马皇后的影响只是间接的话，那么和熹邓太后的成功和阴皇后的失败，应该是班昭领悟最深刻的。邓绥在执政前简直可谓“软弱”依人、知足谦和，会见皇帝时衣不敢着艳，口不敢先开，战战兢兢、小心翼翼辅佐阴皇后，从不敢居宠于一身（事见《历代皇后列传》），只以读书自慰，“从曹大家受经书，兼天文、算术”。以此柔弱之性竟然一举登上皇后宝座，并执政18年之久，陪伴身边的班昭对其身处逆境所表现出的人生智慧不能没有领悟。近代学者李安瑜认为“《女诫》七章，就是根据邓皇后的举止言行加以修改补充而成的”的观点，不是没有道理的。因此，女性在劣势的人生境遇下应该以谦顺柔弱而取胜，也就是说谦顺之德、柔弱之性，应该成为女性避免厄运的人生智慧，这应该是《女诫》的主要教育思想。这种理念也符合东汉时的社会思潮。

《女诫》自序中说："吾性疏顽，教导无素，恒恐子谷负辱清朝。盛恩横加，猥赐金紫，实非鄙人庶几所望也。"从中可知：班昭一不苛求孩子，二不苛求功名。大哥班固虽以"通儒"著称，却也"不教学诸子，诸子多不遵守法度"，且"性宽和容众，不以才能高人，诸儒以此慕之"。却因"迷世纷""智及之而不能守"生存之道而遭非命。二哥班超背叛家学弃笔从戎的行为可见其对个人价值追求的重视，这与班氏家庭教育的自由宽容有关。《后汉书》赞美班彪说："班彪以通儒上才，倾侧危乱之间，行不逾方，言不失正，仕不急进，贞不违人，敷文华以纬国典，守贱薄而无闷容。彼将以世运未弘，非所谓贱焉耻乎？何其守道恬淡之笃也。"儒者的生存智慧可谓修炼得炉火纯青。难怪范晔赞叹"彪知皇命"。

可见，东汉的社会状况、文化思潮，班昭的亲身经历、家学传承，加上自幼聪慧博学的素质和对女儿的偏爱，都能让班昭把领悟到的儒者生存智慧作为家学再传下去。但这些还只是外部依据，我们再从《女诫》文本入手，探析班昭教育思想的具体内容。

《女诫》七章，章章以经典为依据，将自己的思想完全包裹在经典古训之中，使其获得社会群体的认同，进而使之更具有实践性和传播性。据统计，短短1600多字的文章，所用经典不少于17部。主要有：《诗经》《毛传》《齐鲁韩三家诗》《尚书》《周易》《仪礼》《周礼》《礼记》《左传》《论语》《孟子》《大戴礼记》《荀子》卜子夏《毛诗序》、陆贾《新语》、董仲舒《春秋繁露》、刘向《列女传》、班固《白虎通义》，还有汉代流行的“纬书”“鄙谚”。然而，从《女诫》内容来看，最直接影响班昭教育思想的是其兄于公元78年撰写的《白虎通义》。这是一部把宇宙秩序与人间秩序统一于“阴阳五行”理论的又一次思想大融合。“五行者，何谓也？谓金木水火土也。”汉郑玄注曰：“行者，言顺天行气也。”“土在中央。中央者土，土主吐含万物，土之为言吐也。……土所以不明时者，地，土之别名也。比于五行最尊，故不自居部职也。”“……元命苞曰：‘土无位而道在，故大一不兴化，人主不任部职。’御览引元命苞曰：‘土无位而道在，……地出云起雨，以合从天下，勤劳出于地，功名归于天。土以谦自正，以卑自敛，终不自伐生养之苦，乃兴云雨以为功，一归于天。’”又从“五味”论“土”为：“土位所以甘何？中央也，中和也，故甘，犹五味以甘为主也。……繁露五行之义篇云，甘者，五味之本也。”

这段引文是班昭《女诫》教育思想的理论依据，从中我们能看到班昭承认的是在宇宙法则支持下的人间秩序，这是汉代社会的一种群体意识。中国古代文人在反观自身时，面对无力主宰的强大宇宙法则，常常感到人类生存的卑弱，进而产生“朝乾夕惕”的忧患意识，汉代盛行的“谶纬之学”使这种意识更加强烈。这就是《女诫》统帅全书的“卑弱第一”的真正含义。文中的“战战兢兢”“畏惧”“恐”、“惧”“忧”“伤”都由于无法超越这种现实生存压力而产生的心理反映。然而，中国人历来是信天又不全信天，遵循天道的同时又充分发挥人的主观能动性，尽可能改变自己的生存处境，这是中国人对生命的执着追求所致。班昭从“阴阳”与“五行”的炼接处领悟到了“顺应天道”的智慧后，重点依附“五行”理论中“土”（即“地”）的“最尊”地位、“吐含万物”的价值和谦顺品质，来确立《女诫》的教育思想。追求“无位而道在”的人生境界。

班昭首章开篇化用《诗经·小雅·斯干》的句子入文，说明传统经典认为“女子生来卑弱”，这种群体认同意识是《女诫》教育思想产生的社会文化背景。正是女性如此被动又无可改变的生存环境，才让班昭依据“顺天行气”的阴阳理论，选择了以“谦让”解除“名称不闻”、“黜辱在身”忧患的女性智慧。

卑弱第一，是班昭教育观中，对女子的初步定位。身份低下，遵于礼法典训，承担家务劳动，勤劳端庄，祭祀祖宗，为善不言，为恶必要承担。忍辱负重、逆来顺受，求得一个好名声。

夫妇第二，是天地大义人伦要求，女子侍奉男子是天经地义。男子驾驭领导妻子是理所当然的事情。从《论语》和《诗经》编撰过程中，体现的男女万物通达，天地神明有约的天地定律，都是道义和人伦上的必然要求。这种教育观念，本身就是不平等的。丈夫比天大，必须尽心服侍。教育女子要贤，明义理。

敬慎第三，女子以阴柔为美，男子以阳刚为美。女子必须恪守的规则就是宽容、忍让、知足、礼仪。对丈夫保持持久的恭顺，不能侮辱丈夫的想法，做事要奉行适可而止。无论是非曲直，女子都必须无条件服从丈夫，才能长久地维持其夫妇关系。

妇行第四，是《女诫》七章中最为累人的要求。纺纱织布、下得厨房，是其大德，是女子“仁”“德”的最高体现。对女子来说，德、容、言、功四项内容缺一不可。

专心第五，是《女诫》教育观中，最不合情理的一面。专心——女子必须对男子专一、男子却可以再娶，女子必须把丈夫看做自己的天，加以尊崇并以礼相待。在家着装不能过于随意，必须和品性好的人结交，举止不能轻浮等等。“烈女不侍二夫”“下堂求去”，是女人一生中有悖伦理纲常的行为。在侍奉丈夫的过程中，还必须“耳无淫声，目不斜视”。

曲从第六，是针对媳妇侍奉公婆时，必须注意的问题。从道义上讲，无论公婆态度如何，都只能逆来顺受和屈从，必须遵《女诫》实施。一切以谦顺为主，凡事应多加忍耐，以至于到无可忍耐的地步仍要坚持顺从。

叔妹第七，是在家庭社交这个小场合中对女子的教育。和睦、恩义、谦逊、贞烈等等行为准则，都是维持家庭和睦的根本。识大体、明大义，即便是受气蒙冤也是天经地义。妇德，奉行的一个守则就是“生男曰弄璋，生女曰弄瓦”。女性生来就处于卑下的地位，不能与男子相提并论。

《女诫》的女性道德观

班昭的《女诫》对后世有非常深远的影响。对于这篇家训来说，历来都是褒贬不一。每件事物都有它出现的特定的历史背景，我们对于古人的评价应当谨慎，史学家吴晗先生认为“评价历史人物时候必须把这个人物放在他所处的历史时期，和同时代的人物比，和他的前辈比，而不可以拿今时今地的条件和道德标准来衡量古人。”我们不应该跳出历史的长河之外，不应该用今天的观点来评说过去的事情。

班昭的父亲班彪为东汉初年“通儒上才”的大儒，又是一位博古通今的史学家，做《史记后传》65篇，并为撰写《汉书》收集了大量的资料，大哥班固著名的史学家《汉书》的作者，“年九岁，能属文诵诗赋，及长，遂博贯载籍，九流百家之言，无不穷究”。二哥班超是非常著名的军事家、政治家，“有口辩涉而猎书传”。班昭就是生活在这样一个书香世家，耳濡目染，又加之聪慧好学，史学、文学功底都很扎实，她曾参与续写《汉书》，传授经文，“每有贡献异物，辄诏大家作赋颂”。史学家赞颂她是“先后媲美，如出一手”，清代文学家赵棻称其

"东观续史，赋颂并娴"，是邓太后的谋士，曾成功为班超、邓骘请命。但正是这样一位有着极高文化素养的女性，却在《女诫》中为宣扬"男权主义"，贬低女性，尽其所能。这篇文章分为七节，卑弱第一，夫妇第二，敬慎第三，妇行第四，专心第五，曲从第六，叔妹第七。在这几节中，到处都体现出了女子身份低微，没有一点人权，没有自我，就连思考的权利都没有了。

《女诫》共 7 篇，加上序言总共 8 部分。7 篇依次为"卑弱""夫妇""敬慎""妇行""专心""曲从""叔妹"。在原序中，班昭通过现身说法，阐述了作《女诫》的动机。在《女诫》面世以前，男尊女卑的观念及夫为妻纲的道理，以及三从四德的典型，自先秦到东汉，一直是存在的。但是很散漫而且很浮泛；班昭之前近百年的《列女传》，因体裁、内容均不同，仅罗列了一些故事，让广大妇女从这些零散的事实中去悟出做女子的标准，达到目的，要拐一个弯，有一定的难度。班昭遂尽力从维护封建礼教出发，将过去男尊女卑的主张，夫为妻纲的观念，"三从四德"的原则，整理成为系统、完整的论著，将压抑妇女的思想编纂起来，集封建女教大成。

她在序中说：

鄙人愚暗，受性不敏，蒙先君之余宠，赖母师之典训。年十有四，执箕帚于曹氏，于今四十余载矣。战战兢兢，常惧黜辱，以增父母之羞，以益中外之累。是以夙夜劬心，勤不告劳。而今而后，乃知免耳。吾性疏顽，教道无素，恒恐子谷负辱清朝。圣恩横加，猥赐金紫，实非鄙人庶几所望也。男能自谋矣，吾不复以为忧也。但伤诸女，方当适人，而不渐加训诲，不闻妇礼，惧失容它门，取耻宗族。

班昭在《卑弱第一》篇论道："古者生女三日，卧之床下，弄之瓦砖，而斋告焉。卧之床下，明其卑弱，主下人也。弄之砖，明其习劳，主执勤也。"女子自打出生落地，就注定了要低下事人。嫁人之后，更要注意一言一行，从夫从舅姑从叔妹。"勿惮夙夜，执务私事，不辞剧易，所作必成，手迹整理，是谓执勤也。正色端操，以事夫主，清静自守，无好戏笑，洁齐酒食，以供祖宗，是谓继祭祀也。"

在夫妻关系中，女性应扮演好贤妻良母的角色，她在《夫妇第二》篇中说："夫妇之道，参配阴阳，通达神明，信天地之弘义，人伦之大节……夫不贤，则无以御妇；妇不贤，则无以事夫。夫不御妇，则威仪废缺；妇不事夫，则义理堕阙。"女性的地位，在当时的夫妻关系中是非常低的，她们属于弱势，强调男女有别、夫尊妻卑这样的观点。

《敬慎第三》篇的核心也就是来分析夫妻的不同地位以及他们之间的行为："阴阳殊性，男女异行。阳以刚为德，阴以柔为用，男以强为贵，女以弱为美。"班昭遭到革命导师恩格斯的强烈批判："母权制的颠覆，乃是女性的具有全世界历史意义的失败。男子掌握了家中的管理权，而妇女失掉了荣誉地位，降为贱役，变成男子淫欲的奴婢，变成生孩子的简单工具了。"班昭的女性观虽然以男尊女卑为基调，但她在夫妻关系中却强调"夫不贤，则无以御妇；妇不贤，则无以事夫"，即妇顺要以夫贤为前提，只有夫妻双方都“贤”才可以做到“夫妇之好，终身不离”、和谐相处的观点。

班昭在《女诫》中特别提出了阴阳殊性，就是说，女性应该遵守一系列日常行为规范，这些规范主要包括“女人之常道”、“敬顺”之妇道、谨守“四德”和“从一而终”等内容。“夫云妇德，不必才明绝异也；妇言，不必辩口利辞也；妇容，不必颜色美丽也；妇功，不必工巧过人也。清闲贞静，守节整齐，行已有耻，动静有法，是谓妇德。择辞而说，不道恶语，时然后言，不厌于人，是谓妇育。盥浣尘秽，服饰鲜洁，沐浴以时，身不垢辱，是谓妇容。专心纺绩，不好戏瓦笑，洁齐酒食，以奉宾客，是谓妇功。”要求女性应该具备勤劳的美德，本无可厚非，但是，她的这些要求恰恰将女性的独立个体给埋没了，女性没有了自己的独立人格。

自从西汉以来，武帝推行了“罢黜百家，独尊儒术”，这个时候，儒家文化就慢慢地成为了中国文化的主导，发展成为统治思想。历代统治者大力推崇，上行下效。“三纲五常”的观念也得到了宣扬。汉宣帝神爵四年诏“赐贞妇顺女帛”第一次褒奖贞女，贞节观念受到重视和倡导。马克思、恩格斯在《德意志意识形态》中指出：“统治阶级的思想在每一个时代都是占统治地位的思想。这就是说，一个阶级是社会上占统治地位的物质力量，同时也是社会上占统治地位的精神力量。”民间私门授徒之风勃然而生，有些儒学大师一面做官一面授学。儒学发展进入到了空前兴盛的时代，“孝”“贞”的观念深入人心。并且，由于封建制度的不断完善，最后慢慢走向了极端。人们的价值观念，思想情感以及思维方式都会有很大的影响。

丈夫能够随时将自己的妻子休掉，汉代有所谓的“七出”的说法，女子则不能随意“去夫”。一旦离婚则被众人耻笑，这可以参看《后汉书·列女传》。班昭就是在这种充满“男权主义”和“封建家长主义”的氛围中，写出了《女诫》这部束缚中国女子上千年的规范。

班昭实际上是一个自己就受到封建礼教束缚的女性，“世叔早卒，有节行法度……年十有四，执箕帚于曹氏，于今四十余载矣。战战兢兢，常惧绌辱，以增父母之羞，以益中外之累。夙夜劬心，勤不告劳，而今而后，乃知免耳。”年轻守寡，独自抚养子女，为了不让家族的荣誉受损，她起早贪黑、战战兢兢。虽有才学，但是由于时代局限，她找不到正确的方法，只能消极适应，以求在社会中生活。同时也由于阶级局限，她站在封建家长制度的一边，要求女子从夫从父，维护家族的荣辱。她既是受害者又是害人者。《女诫》一经写成，便被统治阶级大加推崇，“马融善之，令妻女习焉”，成为皇家女子教材。并成为历代女性教材《女孝经》《女论语》《内则》《女儿经》等的蓝本，她所提倡的“卑弱”“谨慎”等主张，也被后人尊为女性处世的准则。尤其是“贞”“顺”的观念，也在不断地毒害着女性，特别是中国古代女性，无法摆脱掉的枷锁，这也就成了“解放女性”运动最先开始批判的对象。

“评价任何历史人物，一定要采取实事求是的态度，好的肯定，坏的否定。至于有功有过的，就要看他的功大还是过大，要严肃的加以分析。”《女诫》虽然是封建制度的产物，束缚女子的戒律，不过，在其中的其他观点倒是非常值得我们去学习。

当今无论是国内还是国外，文盲率中女性的比率仍旧高于男性，而班昭早在一世纪，就提出了要重视女子教育，虽然目的是为封建主义服务，内容也很局限，但毕竟是开启了探讨女子教育的大门。

《曲从第六》篇中，班昭就将同丈夫的关系确定为使 “恩”，与舅姑的关系则为“义”。她说：“物有以恩自离者，亦有以义自破者也。夫虽云爱，舅姑云非，此所谓以义自破者也。”在处理家庭问题上主张“顺”，提倡适当的谦让，这样就能够拥有良好的姑嫂关系，这是非常好的方式。

因为历史和阶级的不同，《女诫》中束缚女性的那些东西我们今天看来是可以舍弃的，但，对于班昭来说，我们不能以今人的道德标准去过多地指责她。而是应当看到班昭《女诫》的积极因素，其中“谦让恭敬，先人后己，有善莫名，有恶莫辞”“执务私事，不辞剧易，所作必成，手迹整理”“夫为妇者，义以和亲，恩以好合”以及倡导“四德”、不要轻易离婚、和睦家庭等，即使在现在，它的规范作用和道德感召力量仍然是不容忽视的。“现在成为思想包袱的一些传统观念，在过去却曾起过进步的作用，而且一些传统观念似乎是应该彻底抛弃的东西，但只要换一个角度，却可以看到它的合理性。”女性应该以自身的特点担负人类的重担，“在追求个人价值实现的同时来达到两性的和谐相处。在破除依附心理的同时，也需要有一个宽厚仁德、勤劳节俭的心”，这样才可以在社会中获得他人的尊重，发扬中华民族的美德。

《女诫》中的儒家正统夫妇观

作为一个系统的女教著作，东汉史学家班昭的《女诫》让人有了新的规范，这是在弘扬儒家的正统夫妇观，因此，这样来维护封建家族，也就是在维护国家的利益。班昭在其《女诫·夫妇》篇中指出："夫妇之道，参配阴阳，通达神明，信天地之弘义，人伦之大节也。是以《礼》贵男女之际，《诗》著《关雎》之义。"

中国文化，不管什么时候都是讲"阴""阳"两个符号，认为阴阳是世界中的相反相成的两种根本力量，也只有阴阳配合、心物互融，才能生成万有的世界。天地万物都存在阴阳：地阴天阳，女阴男阳，静阴动阳……阴阳之变，为万物之统帅，而夫妇之爱，是这世界的开始。班昭将夫妇之道等同于天地、阴阳、神明，并认为他们的关系本应是相辅相成的，即二者乃"参配"之关系，说明夫妇之间也是阴阳相和，即夫妻恩爱——丈夫对妻子以恩相待，妻子对丈夫以爱相待。要知道，中国古代最著名的儒家经典，开篇统统都是对婚姻制的赞美，正如司马迁所说："夫妇之际，人道之大伦也。"作为群经之首的《周易·序卦》亦言："有天地然后有万物，有万物然后有男女，有男女然后有夫妇，有夫妇然后有父子，有父子然后有君臣，有君臣然后有上下，有上下然后礼仪有所措。"

以上观点都说明，当时儒家所讲的五伦，并不是法律所规定的，而是人性的结果，所以说，社会的形成也是自然而然之事，有了社会组织便有了发展的不同阶段，在这过程中，夫妇关系被视为人伦的起始。秉持传统的儒家正统夫妇观，班昭在其《女诫·敬慎》篇中指出"阴阳殊性，男女异行"，即男女有着各自天然不同的性别特征，并认为男子具有阳刚之美，女子具有阴柔之美，既然男人和女人的生理特性不同，那么，也就造成了人生的定位是不一样的，所以说，男女双方应该各守本分，这样才可以让社会和谐。

班昭要求女人一定要懂得事夫，要遵循男主外、女主内的训诫，努力维持家庭的宁静和完整。夫妇之道既然如此重要，那么如何善处夫妇之道呢？首先，夫妻双方都应该贤，她在《夫妇》章中继续说道："夫不贤，无以御妇；妇不贤，则无以事夫。夫不御妇，则威仪废缺；妇不事夫，则义理堕阙。"她认为，丈夫要能驾驭妻子，妻子则要能侍奉丈夫。一个"御"字，一个"事"字，似乎将妻子置于奴仆的地位，夫妻双方的主被动关系跃然纸上。为此，班昭被看成是男权社会的代言人。不仅如此，班昭还要求女人以敬来修身、以顺来避强，认为敬、顺之道是妇人的大礼。在夫妻生活中，因此要特别注意语言，不能说太过分的话，而且，妻子最好不要侮辱丈夫。

男人和女人应该各司其职，这个问题在我国古代就有了论述，其中道家有一个比方，道家将人体的肝脏比喻为木母，肺脏比喻为金公，而中央代表黄婆，相当于老龄妇女，其主要工作是协调金公和木母的关系，让木母不要太亢盛，因为女人在家庭中是主妇，如果生得太亢盛，就像肝气过度生发一样，会导致家庭出现很多问题，当然也不可太压抑。班昭在《敬慎》章中同样表达了她的夫妇相处之道："夫为夫妇者，义以和亲，恩以好合，楚挞既行，何义之存？谴呵既宣，何恩之有？恩义俱废，夫妇离矣。"这也成为后人对其诟病的口实，认为班昭将夫妻关系仅局限在"恩义"上，这其实是狭隘地认为这种"恩"仅仅是男性给予女性的恩。即便是现代人在阐述婚姻问题的时候，也觉得婚姻是需要相互扶持的，两个人要相互承担、互相理解，夫妻才可以从爱情到恩情，才能够和睦相处。

做妻子的有感于丈夫的养家之恩，反过来，做丈夫的同样应有感于妻子的持家之恩，恩义当是夫妻双方相互的情感体验。更何况，在班昭的时代，女性没有所谓的爱情自主权，也没有自由追求恋爱的可能，适人以后，相夫教子的生活就慢慢地转变为了 "恩义"，这里的恩是互相的。

中国文化中往往将男子与女子看作是乾道和坤道，男子应该自强不息，女子应该厚德载物。如《易·彖辞》曰："大哉乾元，万物资始，乃统天。"又曰："天行健，君子以自强不息。"乾卦代表宇宙万有的根源，是生命的来源，宇宙万物都是它创造的结果。乾卦统帅着宇宙天体，整个的宇宙都在乾的涵容中。因此，作为君子之人的男子，要效法宇宙天体的运行，要"自强不息"。同时也赞叹坤，言："至哉坤元，万物资生，乃顺承天。”坤的代表是“地”，万物的生命靠地才能滋长，大地默默为我们奉献生存所需的物质，但它从不向我们索取报偿。大地永远都在效法天，给予我们生命之能，所以大地也一样是要遵守天道法则的，构成了厚德载物的精神，也就是“一阴一阳之谓道”，因此，人们应该效法这种道德精神。

“坤厚载物，德合无疆，含弘光大，品物咸亨……地势坤，君子以厚德载物。”万有的生命都靠大地来生长，所以它的德性之大是无边无际的。这里赞叹坤德，赞叹大地，是教我们要效法大地的精神，像大地一样宽厚到可以承载万物，要养厚德，要涵容伟大的光明。此外，班昭的兄长班固撰写的《白虎通义》也以“天地”来附会夫妻关系，认为“妻之事夫”和“地之承天”是相通的：“天者何也？天之为言镇也……言养万物怀任，交易变化也……”故《乾凿度》曰：“太初者，气之始也；太始者，形兆之始也；太素者，质之始也。阳唱阴和，男行女随也。”天高高在上，治理万民，就像男性主外、处理国家事务那样；地的职责是“养万物怀任”，就像女性主内、妊娠养育孩子那样。《乾凿度》中有关于“阳唱阴和，男行女随”的论断，将天地运行的规律和君臣阴阳相比附，说明他们之间尊卑从属的关系。《白虎通义·嫁娶》条中还说：“《礼》，男娶女嫁何？阴卑不得自专，就阳而成之。”

汉代的儒生大多数都是从伦理道德出发的，把远古时代的“只知有母，不知有父”渐渐变成了“夫唱妇和”的思想，这的确是不争的事实。班固可谓通儒上才，对儒家古礼和学问道德可谓精通明了之至，而作为班固的妹妹，班昭从小饱读儒家典籍之余，必然受到家风家学的影响，加之身在那个时代，自身也看到女性在社会上弱势的大局，班昭对于夫唱妇随、男尊女卑的思想自然是根深蒂固的，她不可能因为自己或是少数几个优异女子的特例便想要改变这个世道的运行规律。即便她有此愿望，也不是她能力范围所及的。最重要的原因，班昭为何要写出《女诫》，是为了在早成定局的男权社会为女人提出一些能规避和自保的方法。班昭自己就是一个非常好的例子，寡母扶孤，忍辱负重，就算是身居高位，依然是一个子媳，她还是在小心地遵守古礼。

除了教育女性要懂得包容外，班昭甚至主张妇女应该有儒家传统的贞节观，她在《女诫·专心》一章中引用《礼记》的话说：“夫有再娶之义，妇无二适之文，故曰：夫者，天也。天固不可逃，夫固不可离也……”从这里，我们可以看出班昭对男性所持的宽容态度和对女性的严格要求。妇女对丈夫要专心一意，谨守贞节，因为丈夫乃女性生存之天，这里班昭似乎显得有些残忍和偏执。班昭的贞节观，是因为自身所接受的儒家古礼等文化观念使然。《仪礼·丧服》中有“夫者，妻之天也，妇人不贰斩者，犹曰不贰”。可见，“从一而终”的观念早在秦汉以前已被定为妇女应该恪守的道德规范。秦汉以后，随着儒家思想独尊地位的确立、宗法制度的发展和礼教的形成，统治者不仅提倡女子守贞，而且不断地表彰贞节烈妇，秦始皇曾为“能守其业，用财自卫，不见侵犯”的巴郡寡妇清修筑“女怀清台”，汉代更是将政府的名义来鼓励女子，要懂得守节。

尤其是在西汉的时候，早就有了汉宣帝开始正式褒奖贞妇，通过精神和物质的利诱，让当时的女性严守贞节。西汉刘向用文字鼓吹贞节，他编撰的《列女传》也是以儒家政治思想和伦理道德为指导的，其目的在于讽谏皇帝、整饬后宫，杜绝后宫逾越礼制之患。班昭作为一名后宫女师，当然，她也就有了维护皇权，提出妇女谨守贞节的义务了。

东汉时代，中国已经是一个较为稳固的中央集权制大国，家国同构的观念已然形成且深植人心，班昭的夫妇观之立意还是在于维护宗法制大家庭，更深一层含义便是维护国家的安定。

中华民族几千年来，家族的宗法制社会，让国家成为了一个大家庭，并不是西方的文化和现代形式的小家庭，因此，它本身实际上即是社会道德的一个缩影。儒生们从小便接受这样的观念，“家是小国，国是大家”，只有齐小家，才能治大国，这也便是宗法制社会家国同构的思想，也因此，管理好各自的小家，便是对国家和朝廷的一种贡献，是臣子应尽的责任。中华文化亦始终认为夫妇之道乃人伦之肇端，而维持一个宗法制大家庭，妇女绝对起着决定性的作用。在过去中国的每一个封建家族中，必定得有一位德言容功俱备的主妇，甘于牺牲自我，乐于奉献自我，才能维持封建家族的长盛不衰，在她身上体现的是母德的伟大。也就是因为有了她们的牺牲和奉献，所以才获得了小家的和谐。

中国文化之所以可以经过五千年的时间，还能够长久不衰，就是因为依赖于女性伟大的牺牲和付出的辛劳。在这个方面来说，班昭主张女性要更加宽容忍让、谦卑柔顺，甚至为了维护大局，不惜牺牲个人利益，有其深刻的内涵和现实意义。《女诫》是班昭对于家族内部女性所定的“家规”和“训诫”，是想要通过实现夫妇和睦、家庭和谐，从管理好家族进而到维护大国的和谐稳定。班昭根据自身经历和作为后宫女师的种种经验，深知女性对于家庭的重要意义，乃至对于国家的重要意义，因此可以说，班昭对于自身性别的意识和定位是准确的，是符合当时历史社会之条件和需要的。班昭的初衷是好的，但因《女诫》中对女性的道德要求完全局限于家族之内，将女性可以说完全排除到了家族之外，这样做，刚好埋没了女性多方面的才华，对于后面的男尊女卑倒是有一定的帮助。

第四章

出入宫廷，参与政治的『曹大家』

班昭是位博学多才的不凡女性，在当时就引起了当朝者的注意，受到皇帝的青睐、贵妃的推崇，取得“宫廷之师”的名号，使她在生命的后半期走上了政治舞台，通过自己的影响，改变了当时的朝局。

东汉初期的四大后族

西汉是中国繁荣发达、制度日渐完备的时代。经过西汉末年的战乱，法纪凋敝，道德松弛，社会一片混乱。东汉王朝收拾残局，政治上虽天下一心，归于一统，但乱世的混乱无序依旧渗透在新的王朝的每一滴血液中。乱世会产生活跃的学术、学说和思想，乱世也会造就不可一世的英雄，收拾乱世之后的新王朝更会产生一批新贵，从而形成势焰熏天的门阀大家族。

阴氏、郭氏、樊氏、马氏是四姓外戚家族，是通过和皇室联姻而显贵一时。这四姓都是因为有女子被皇上宠爱，立为皇后，从而贵极天下，家族也随之显耀，族中子女封官拜爵，代代相沿，形成望族，时称四姓小侯。

阴氏家族

阴氏就是阴丽华的娘家。阴丽华是南阳新野人。汉光武帝刘秀未起事时，有一次入新野，听说新野一地出了一个倾国倾城的美人，心中蠢蠢欲动，见了以后越发爱恋不已。后来，刘秀奔赴长安，看见宫中执金吾的车骑威风凛凛，刘秀感叹说：“做官就要做执金吾，娶妻子就要娶阴丽华!”

更始元年六月，刘秀如愿以偿，在宛城娶阴丽华为妻，时年阴丽华十九岁。接着，刘秀赴任洛阳。阴丽华不能随刘秀赴任，便依旧送归新野。刘秀称帝后，阴丽华被接到洛阳皇宫，晋封为贵人。

阴丽华容貌雅丽，心性仁慈宽厚。刘秀想立阴丽华为皇后，阴丽华婉言拒绝。刘秀便立郭氏为皇后，阴丽华跟随在刘秀身边。建武四年征讨彭宠时，阴丽华在元氏 (今河北元氏县) 生下一子，取名刘庄，便是后来的汉明帝。建武十七年，郭皇后被废，刘秀立贵人阴丽华为皇后。刘庄即皇帝位，为汉明帝，母亲阴丽华尊为皇太后。阴丽华身为东汉开国皇帝刘秀的皇后，又是守成君主刘庄的母亲，阴氏家族能不贵极天下？

马氏家族

马皇后是陕西扶风茂陵人氏，伏波将军马援最小的女儿。本来，马援将军在征讨五溪少数民族时战死，权臣梁松、窦固乘机加害马氏家族，繁盛的马家顷刻间失势，时常被权贵大户侮辱。愤怒不过的从兄马严进言太夫人，拒绝三妹的一应求婚者，将三妹送进宫廷，以求发达。马氏十三岁时被送入太子刘庄宫中，被太子看上。太子刘庄即皇帝位，马氏便被立为贵人，永平十三年，马氏立为皇后。

马皇后通晓诗书，好《春秋》《楚辞》《周官》和董仲舒书。马皇后天资聪颖，为人朴素，不喜交游。侍奉明帝时，谈及政事，明智的马皇后多有高见，裨益政务。特别在连年不解的楚狱问题上，罪犯重刑之下，牵连蔓引，入狱者不计其数，马皇后进言明帝，切莫株连无辜太多。明帝感悟，大加赦免。明帝深爱着马皇后，也极尊重马皇后。章帝即位，尊马氏为皇太后，打算将舅舅马廖、马防、马光封为列侯，太后多次拒绝。马太后说："古往今来，豪宦富贵人家，禄位重叠的，就像一年结两次果实的树木一样，根基必伤!"

窦氏家族

明帝去世以后，刘炟即皇帝位，为汉章帝。章帝在位十三年，三十一岁时去世，太子刘肇即皇帝位，为汉和帝。刘肇登基时，年仅十岁，窦太后临朝执政。

窦太后是位工于心计、善玩手腕的铁血女人。窦太后是陕西扶风平陵人，是大司空窦融的曾孙女，父亲是窦勋，窦太后是长女。建初三年，窦氏和其妹一同被选入章帝后宫的长乐宫，获得章帝的爱幸，第二年便被立为皇后。窦皇后天生美貌，为人机敏，长年专宠后宫。在此之前，宋贵人替章帝生下了儿子刘庆，立为太子，梁贵人替章帝生下了儿子刘肇。窦皇后专宠后，一直没能怀孕生子，心中十分妒恨。窦皇后多次在章帝面前进谗言，说宋、梁二人不仁，迫令宋贵人自杀，皇太子刘庆也被废为清河王。窦太后又将梁贵人所生的儿子刘肇收为养子，自己抚养。建初八年，窦太后作飞书，就是以匿名信的形式，诬陷梁贵人的父亲褒亲愍侯梁竦。梁竦被处死，梁贵人也随之忧愤而死。窦太后控制着年轻的和帝刘肇，以皇太后身份统驭天下。

窦太后控制朝政当然是通过窦氏家族来完成，朝中一应高位、要职都落入窦姓手中。和帝刘肇一天天在宫中长大，渐渐知道了自己的身世，知道自己的母亲梁贵人忧伤而死，而忧伤的原因是外公梁竦被窦太后陷害身亡。和帝将这一家仇默记在心中，不动声色，只求来日机会成熟，再行复仇雪恨。

和帝到了14岁时，已经是一个冷漠、威严的皇帝。少年血气方刚，再也按捺不住母仇家恨。和帝联络几个亲信宦官，秘密谋划。一天和帝亲自到窦党掌管的京师禁卫军北军军营，突然下令解除窦党军权，自领北军，以迅雷不及掩耳之势，一举铲平窦党，收拾窦氏家族。和帝发动宫廷政变，将皇权一下子抓到了自己手中，统理朝政。

邓氏家族

在东汉政权建立的过程中，以南阳邓禹为首的邓氏家族立下了汗马功劳。邓禹辅佐光武帝建立河北根据地，平定关中，深得光武帝赏识。在此之后邓禹的第六个儿子邓训，他是邓氏家族的中兴奠基者，尤其在对少数民族问题的处理上做出了很大的功绩，使得邓氏家族在东汉显赫一时。终东汉时期，邓氏被封侯二十九人，公二人，大将军以下十三人，中二千石十四人，列校二十二人，州牧、郡守四十八人，其他侍中、大夫、郎、谒者、县令，更是难以计数。

和熹邓皇后的出现，使得邓氏家族到达了鼎盛时期，身为汉和帝、汉殇帝以及汉顺帝三朝朝政的真正的执柄者，对于东汉社会的进一步发展起了促进作用。随着和熹邓皇后的去世，邓氏家族骤然衰落，身为邓氏家族的代表人物邓骘，遭人陷害，竟不食而死，其他宗族或被徙边，或被贬为庶民，一时显赫的邓氏家族就此衰落。

邓氏家族之所以能在东汉初政治舞台上活跃，除了因为东汉依赖豪强地主建国以外，更主要的是由于是邓氏家族自身的优点。邓氏家族门风甚严，学风极好，并且邓氏家族重孝道，守君臣礼仪，一心辅佐东汉王室。这也是与其他贵戚家族不一样的原因所在。

明德马皇后，明章之治的助力者

汉帝国后妃制度继承秦制，并明确规定皇帝的祖母称太皇太后，母亲称皇太后，中国后妃制度的母后称号就此确定，历代相沿。嫔御制度汉代时确立，汉代后宫制历汉初四帝，以后汉武帝、汉元帝的订立、增益。嫔御名号分为十四等：昭仪、婕妤、娙娥、容华、美人、八子、充依、七子、良人、长使、少使、五官、顺常、无涓。涓这一等还包括共和、娱灵、保材、良使、夜者。

西汉初年帝王的正配叫皇后，其余嫔御名号有夫人、美人、良人、八子、七子、长使、少使。武帝时又加婕妤、娙娥、容华、充依。元帝时加昭仪，又有五官、顺常、无涓、共和、娱灵、保林、良使等。

东汉的后宫人数没有什么减少，但鉴于西汉外戚权重，改革后宫，嫔御名号只设四等。东汉光武帝并省前制，后宫只立皇后、贵人。贵人金印紫绶依旧，但俸禄不过是数十斛粟。又设美人、宫人、采女三等，但却没有爵秩，只是赏赐充给而已。

在汉明帝、汉章帝统治时期，继续了光武帝刘秀的治国方针，实行比较宽松的政策，这个时期吏治清明，经济发展，社会稳定，历史上称为“明章之治”。明章之治的出现当然有光武帝的开创之功，有汉明帝、汉章帝的励精图治，但一个女人的贡献也不可小视，这个女人就是汉明帝的明德马皇后。

明德皇后（39—79），据说叫马彤，扶风茂陵（今陕西兴平东南）人，伏波将军马援的小女儿，汉明帝刘庄的皇后。马援非常重视对孩子的教育，在征战之余经常给孩子们讲故事，马彤也和哥哥们一起听讲，她的识见不在哥哥们之下。

马援不仅是一代名将，更是一位传奇式的人物，也是当之无愧的智者。当时最有势力的三股力量中，割据陇西的隗嚣是他的同乡，对他信任无比，言听计从，而占据蜀中的公孙述则是他的同学，待他也是殷勤无比，许以封王。可他认为这两人都不会成气候，偏偏投向了素不相识的刘秀。刘秀初见他时，很谦虚，说：卿遨游二帝之间，见到你令我自惭形秽。马援说出一句既令后人惊讶、也为后人佩服的话，他说：当今之时，并不只是君选择臣，而臣也要选择君。这话有些离经叛道，很有些现代味道。马援有许多名文、名句流传后世，如丈夫为志，穷当益坚，老当益壮、男儿要当死于边野，以马革裹尸还葬耳。都是他激励自己的话，而他的《诫子侄书》更是为人处世的宝典。然而马援虽是智者，却善于谋生前而不善于谋死后，他晚年得罪了光武帝刘秀的女婿梁松，当时马援正受到光武帝的宠幸，梁松只能怀恨在心。当马援最后一次出征五溪时，因感染瘴气死于军中，光武帝派梁松代领军队，梁松借机陷害马援，光武帝听信谗言，非常生气，夺去马援的侯爵和官印，应该给的待遇也全部取消，

马援的母亲、妻子、儿女不知就里，她们草绳系颈向刘秀请罪，刘秀在明知马援冤枉的情况下，没有为马援恢复名誉，马援之子马客卿聪明颖惠而早夭，结果马援的妻子蓝夫人疯了，年仅十岁的马彤开始负责料理家中事务。她料理家事，管理教育仆人，内外之事咨询禀报，她处理起来如同成人一样。

原本马氏家族和窦氏家族有婚约，马彤是准备嫁到窦家的。窦氏家族来自河西，不是刘秀旧部，为人一向小心谨慎，他们看到马援名誉被毁，也说不清其中的缘由，但不敢和马援家族来往了。

马彤掌管家政，尽管年龄不大，却指挥得当，里里外外井井有条，奴婢童仆服服帖帖。

起初，别人都不知道这种情况，听说以后，都表示惊异和赞叹。马彤曾经长时间地患病，其母蔺夫人让人给她占卜，卜筮者说："这女子虽然是有病的样子，但是她必将大贵，其兆不可说出。"后来又叫来相面的人给女儿们占卜，相面的人见到马氏，大惊说："我必将对此女称

臣。然而她虽然尊贵，却少有子息，若是养育别人生的孩子得力的话，比自己亲生的孩子还要强。”

马援死后，马家日益衰落，又多次被权贵们所欺侮。马氏堂兄马严十分忧心愤怒，禀告蔺夫人断绝与窦氏的婚约，请求将马氏进纳掖庭。于是便上书说：“我的叔父马援先逝去辜负皇恩未报，而妻子和孩子受到特殊恩惠得以保全，对陛下爱戴尊仰，像对待上天对待父亲一样。人之常情既然得以不死，就想追求祥福。我听说太子、诸王的妃子匹配尚未齐备，马援有三个女儿，长女十五岁，次女十四岁，幼女十三岁，她们的仪容身材头发皮肤，在女子中都属上中以上的人才。而且都孝顺小心，文静温柔有礼数。希望派相工下来察看，从中选拔合格的人。如万一有幸入选，马援在黄泉之下也可得到安慰了。另外马援的姑姐妹都是汉成帝的妃子，葬在延陵。臣马严有幸蒙恩重获此生，希望凭借先姑的关系，让我的堂妹充入后宫。”于是公元 52 年（建武二十八年），把马彤选入太子宫，时年十三岁。她侍奉皇后阴丽华，接近周围的嫔妃，礼法完备，上上下下都和她处得很好。还受到太子刘庄的宠爱，经常居住在刘庄寝宫的后堂。

公元 57 年（建武中元二年），光武帝刘秀驾崩，皇太子刘庄即位，是为汉明帝，立马氏为贵人。当时马氏异母姐姐的女儿贾氏也被选人后宫，生下刘炟（汉章帝）。汉明帝因为马氏没有儿子，就让她来抚养刘炟。对她说：“人不一定要自己生儿子，怕的只是不精心爱护养育而已。”于是马氏对刘炟精心抚育，操劳的程度要超过对自己的亲生孩子。而刘炟也是天性孝顺淳厚，感恩的本性出于自然，所以母慈子爱，始终没有一点矛盾隔阂。马氏常常因为汉明帝的子嗣不多，每每心怀忧虑，荐引左右侍奉皇帝的人，似乎惟恐有不及之时。后宫嫔妃有觐见皇帝的人，她每每安慰接纳。如果多次得到皇帝的宠爱，总是提高对被宠爱的嫔妃的待遇。

公元 60 年（永平三年）春，有关主管官员上奏想要立长秋宫，即确定皇后的人选，汉明帝没有表示。皇太后阴丽华说：“马贵人的德行在后宫当中是数第一的，就立她吧。”于是就立马氏为皇后。

马氏在被立为皇后的前几天，她梦见有无数只小飞虫飞来落在她的身上，钻入她的皮肤又飞出来。她成为皇后以后，愈加谦逊恭敬。她身高七尺二寸，方口，一头美发。能够背诵《易经》，喜好读《春秋》《楚辞》，最喜欢《周礼》和董仲舒的著作。时常身穿粗帛，衣裙都不加边。初一和十五众妃公主前来朝见，远远看去马皇后袍衣粗疏，反而以为是精细的丝绸，靠近了看，才笑了。马皇后借口说：“这种丝织品特别适宜染色，因此才穿用。”嫔妃们听了，无不叹息。

汉明帝经常出宫到苑囿离宫，马皇后总是提醒汉明帝风云变化注意健康，说的话和表达出的意思诚恳周备，大多被汉明帝仔细采纳。汉明帝到濯龙园中，把众才人都召集来，众人请求唤出皇后一同游乐。汉明帝笑着说：“她生性志趣不喜欢游乐，即使来了，也没有欢乐。”因此汉明帝的出游娱乐之事她很少随从。

公元 72 年（永平十五年），汉明帝查看地图，准备封给皇子，封给他们的封地都只有其他诸侯国一半大。马皇后晋见之后说道：“诸位皇子的封地才只有几个县，从制度上说不是过分节俭了吗？”汉明帝说：“我的儿子怎么好与先帝的儿子相等呢？每年得到的供应二千万就足够了。”当时楚王刘英的案件连年不断，囚犯互相指证牵连，因罪被捕的人极多。马皇后担心此案牵连的人过多过滥，乘机说到此事，心中悲恻。汉明帝有所感悟，夜间起来徘徊，思索马皇后所说的话，终于使很多人得到宽宥。当时各位将领上言奏事以及公卿大臣公开讨论难以评定的，汉明帝多次让马皇后来评论。马皇后则分析其中的旨趣道理，对各种意见都能推求其真实情况。每当服侍汉明帝的时候，总要谈到国家政事，对汉明帝决策多有辅助补益，而她自己不曾以自家私事求汉明帝。所以汉明帝对她的宠爱和尊敬日益加深，始终不衰。

公元75年（永平十八年），汉明帝去世，汉章帝刘炟即位，尊马皇后为皇太后。明帝诸贵人应当迁徙到南宫居住，马太后感念离别之情，各赐予她们诸侯王赤绶，另加安车驷马，白越布三千端，杂色帛二千匹，黄金十斤。她亲自撰写《显宗起居注》，删去其中她的哥哥马防参管医药事务的内容。汉章帝请求她说：“舅父马防朝夕侍奉将近一年，既没有褒扬显异之举，又不记录他的勤劳，不是太过分了吗！”太后回答说：“我不愿意让后世之人听到先帝多次亲近后宫家属的事情，所以不著录。”

公元76年（建初元年），汉章帝想给几个舅舅封爵，太后不允许。第二年（77年）夏天，大旱成灾，议论事情的人认为是没有封外戚的缘故，有关官员为此上奏汉章帝，认为应该依从以前的典章制度。太后下诏说：“所有议论事情的人都是想要献媚讨好我来求得好处而已。昔日汉成帝时曾给王太后的五个弟弟同一天封侯，那时黄雾弥漫，并没有听说有时雨的瑞应。另外田蚡、窦婴这些外戚，倚仗着尊宠和高贵，恣意横行，遭受倾败覆灭之祸，这已经是为世人广为传说的。所以明帝在世时就对外戚的事情小心提防，不让他们占据重要的地位。在给自己的儿子封国时，只让他们拥有楚、淮阳等封国的一半大小，常常说‘我的儿子不应当和先帝的儿子一样’。现在有关官员为什么想要拿现在的外戚比先帝的外戚呢！我是天下之母，但身着粗帛，吃饭不求甘美，身边的侍从人员也穿着普通布帛的衣服，没有香囊之类的饰物，这是想以自己的行动来给下面的人做表率。本以为外戚们看到此种情况，应当忧心自诫，可他们只是笑着说太后一向喜好俭朴。以前在过濯龙园时，看到来问候起居的外戚们，携带的仆从众多，可说是车如流水，马如游龙，奴仆穿着绿色臂衣，衣领衣袖色泽正白，回头看看给我赶车的御者，比他们差远了。我故意不对他们表示谴责愤怒，只是断绝他们一年的费用而已，希望以此默默地让他们内心感到惭愧，而他们却还是松懈懒惰，没有忧国忘家的想法。了解大臣没有谁能比得上君主，何况是亲属呢？我怎么可以上负先帝的意旨，下损我马氏祖先的德行，而重蹈西京败亡之祸呀！”坚决不允许给外戚封爵。

汉章帝看到太后的诏书悲伤感叹，又重新请求说：“汉朝兴起之时，舅氏亲族封侯，犹如皇子封王一样。太后诚心保持谦虚，怎能让儿臣偏偏不对三位舅舅加以恩赏呢？况且担任卫尉的舅父年纪已大，另两位担任校尉的舅舅也是身患重病，如果出现不可讳言的情况，将使儿臣长怀刻骨铭心的遗憾。应趁着他们都健在的好时机给予封赏，而不可拖延。”

太后回答说：“我反复考虑过此事，想使之两全其美。难道只是想要获得谦让之名声，而使皇帝受到不对外戚施恩封爵的嫌疑吗！昔日窦太后想要封王皇后的哥哥王信为侯，丞相条侯说受汉高祖之约规定，没有军功的，不是刘氏家族不能封侯。今天我马氏家族对国家没有功劳，怎么能与阴氏、郭氏这些中兴之时的皇后等同呢？常常看到富贵的人家，官禄爵位重叠，犹如再度结实的树，它的根必受损伤。况且人们之所以愿意封侯的原因，无非是想上奉祖宗祭祀，下求温饱罢了。现在外戚家祭祀所用的是接受四方贡献的珍品，衣食则承蒙有皇家府藏的余资，这难道还不够，而必须要得到一县之封吗？我考虑这件事已经是深思熟虑，不要再有怀疑。所谓至孝的品行，应以安慰双亲为上。现在国家多次遭受变异之灾，粮价上涨数倍，使人昼夜忧虑惶恐，坐卧不安，而要先去营谋给外戚封侯，违背了慈母的拳拳之心呀！我一向刚直性急，有胸中之气，不可不顺。若是阴阳之气调和，边境清静无争，然后再行皇帝的志向。我将口含饴糖，逗弄小孙子，安度晚年，不能再关心国政了。”

当时新平公主家的御者不慎失火，火势延及北阁后殿。太后认为是自己的过失，起居不乐。当时正准备拜谒原陵，她自认守备不慎之过，愧见陵园，于是不肯动身前往。起初，太后的母亲埋葬，起坟略微高了一些，太后为此说了话，其兄马廖等人立即把坟减削到合适的程度。她的外戚当中有谦虚朴素仁义品行的，她就给予好言褒奖，赏给财物官位。如有细微的差错，她的脸上先表现出严峻的神色，然后加以谴责。对于那些乘坐好车穿着华贵而不遵守法度的人，太后便断绝其属籍关系，遣返他回乡下种田。广平王、巨鹿王、乐成王所使用的车骑朴素，没有金银的装饰，汉章帝把此事禀告太后，太后立即赐给他们钱每人五百万。于是宫内宫外都归从教化，穿着如一，诸家皇亲国戚惶恐小心，其程度比永平年间倍加严重。于是便设置织布房，在濯龙园中植桑养蚕，并且多次前往观看，以此为娱乐。太后还经常与汉章帝朝夕谈论国家政事，以及教授诸位小王子，论说经书，叙述生平经历，使后宫终日和睦。

公元79年（建初四年），全国粮食丰收，边陲也没有战事，汉章帝于是便封他的三位舅舅马廖、马防和马光为列侯。三人都推辞不受，愿意只就任关内侯，领受爵号而不受封地。太后听说此事之后，说道："圣人设置教化，各有不同的方式，这是因为知道人的性情没有人能使它整齐一致。在我年轻力壮的时候，只是羡慕古人青史留名，不顾生命的长短。现在虽然已经年老，还是遵循'警戒贪得'的古训，不肯滥封亲戚，所以我日夜忧惧如同时刻面临危险，想着自己贬抑谦下。居住不要求安逸，膳食不追求饱足。希望能以这种做法，不辜负先帝的恩宠。我之所以要教化劝导我的兄弟，共同遵守这一志向，是想使我在瞑目之时，不再有什么遗憾。哪里料到老来的志向还不肯听从呢？看来是一定要留下千年的长恨了！"她的哥哥马廖等人不得已，接受了封爵后又辞退爵位回家。

同年，太后卧病在床，她不信巫术小医，多次敕令禁止祷告祭祀。

公元 79 年（建初四年）六月三十日，马太后逝世，终年四十余岁，谥号明德皇后。七月初九日，与汉明帝合葬在显节陵。

明德皇后的一生谦逊朴实、知书识礼、明理达义。由于她的行为举措，对明帝、章帝两朝的政治起了非常重要的作用，因此，被后人敬仰不已。马皇后不但创下了皇后着布衣的范例，还留下了成语“车水马龙”，是历代皇后学习的表率。《续列女传》称赞她“在家则可为众女师范，在国则可为母后表仪”。

明德马皇后为东汉明帝所编撰的《显宗起居注》是历史上最早的专门记录皇帝日常言行的著作，也为后世开创了“起居注”这一新的史书体例。自此后世便有专人从事该编撰工作。明德马皇后开始写史比班昭补写《汉书》早了约二十多年，因此被称为中国第一位女史家。

汉和帝刘肇，允许班昭进入宫廷的人

汉和帝刘肇（79—105），东汉第四位皇帝，建初四年（79年）出生，他是汉章帝刘炟的第四子，生母为梁贵人，过继给皇后窦氏为继子。建初七年（82年），汉章帝废太子刘庆，立刘肇为皇太子。章和二年（88年），汉章帝逝世，刘肇即位，养母窦太后临朝称制。永元四年，刘肇联合宦官扫灭窦氏戚族，亲政后使东汉国力达到极盛，时人称之为“永元之隆”。元兴元年病逝章德殿，终年27岁。谥号为孝和皇帝。庙号穆宗，谥法曰“不刚不柔曰和”。葬于慎陵。

公元88年，年仅31岁的汉章帝刘炟突然病逝，而太子刘肇这时只有10岁。刘肇生于建初四年（79年），是汉章帝的第四子，在他上面有千乘王刘伉（kàng）、平春王刘全、清河王刘庆三个哥哥，下面有济北王刘寿、河间王刘开、城阳王刘淑、广宗王刘万岁四个弟弟。

刘肇并非章帝窦皇后所生。章帝窦皇后不能生育，故章帝先立刘庆为皇太子。刘庆的母亲是宋贵人，窦皇后怕她威胁到自己的地位，诬陷其搞歪门邪道诅咒皇上。宋贵人被逼自杀，刘庆亦被废黜为清河王。

刘肇的生母梁贵人，由于母家被窦皇后诬陷获罪，也忧愤而死，于是刘肇在幼年即为窦皇后收养。建初七年（82 年），刘肇被立为皇太子。章和二年（88 年），汉章帝去世，刘肇即皇帝位，是为和帝，时年 10 岁。窦皇后也改称为窦太后。第二年改年号为“永元”。

窦太后把哥哥窦宪由虎贲中郎将提升为侍中，掌管朝廷机密，负责发布诰命；让弟弟窦笃任虎贲中郎将，统领皇帝的侍卫；弟弟窦景、窦环均任中常将，负责传达诏令和统理文书。这样，窦氏兄弟便都在皇帝周围的显要地位，从而掌握了国家政治的中枢。

窦太后将政权统于自己一人之手，独断专横，强予决策。对于伐北匈奴，尚书、侍御史、骑都尉、议郎等等都极力上谏，甚至指责窦太后“奈何以一人之计，弃万人之命”，也没有挡住太后为袒护窦宪而出兵。重创北匈奴后，是否继续设立北单于，朝臣坚决反对，但由于窦宪奏请设立，窦太后不顾大多数人反对，同意奏请。

窦太后还把大批窦氏家族子弟和亲朋故友，任为朝官或地方官，从而上下勾结，专权放纵，报复打击，为所欲为。其弟弟窦景放纵奴仆胡作非为，甚至白天公然拦路抢劫，侮辱妇女，而“有司莫敢举奏”。

窦氏为维护专权，安插了大量党羽，因此朝廷上下多有附臣与亲信。当初，刘肇在长安召见窦宪，朝臣甚至议论称之“万岁”，尚书韩棱愤怒指责“礼无人臣称万岁之制”，才算止住了这场闹剧。这一方面说明窦氏权势的贵盛，另一方面也说明时臣趋炎附势的风气。因而，和帝执掌政权后，立即清理窦氏残党余孽，太尉宋由因为窦氏党而被罢免，后自杀。其他亲朋故旧，凡是依仗窦家的关系而做官的，统统被罢免回家。

窦宪还养了许多刺客，实行暗杀政策，谋害那些具有宿怨私仇、持有不同政见、可能危害窦氏的人。在汉明帝永平年间，窦宪的父亲窦勋犯罪，韩纡审理此案，考实窦勋坐狱被诛。窦太后当政时，韩纡已死，窦宪即派刺客刺杀了韩纡的儿子，并带回他的首级拿到窦勋坟上祭奠。周荣为尚书袁安府吏，袁安上书言窦宪骄纵、窦景腐败、不宜立北匈奴单于等奏议，均出自周荣之笔。窦宪非常嫉恨他，曾派人当面威胁他。

窦太后刚愎放纵，早已引起了一些正直朝臣的不满。他们不断上书进谏，有时甚至以死抗争，仅据《资治通鉴》统计，近五年时间里，大臣就针对各种问题上书十五六次。

永元四年（92 年），和帝 14 岁，已经由童年进入少年。他开始不满于自己无权的地位，由此引起窦氏的疑惧。窦宪等密谋，企图杀害和帝。和帝闻知风声，也开始做应变准备。由于窦太后专权，和帝不能直接接触朝廷的官员，他所熟悉的、所能依靠的只能是自己身边的宦官。其中中常侍郑众，机敏沉着，足智多谋，不附从窦姓豪强，最为和帝信任。于是和帝与郑众暗中商议，结论是与其束手待毙，不如先下手为强。和帝出其不意，亲临北宫，命令执金吾、五校尉勒兵屯卫南北宫，关闭城门，逮捕窦宪党羽射声校尉郭璜、侍中郭举、卫尉邓叠、步兵校尉邓磊，将其全部处死。又派谒者仆射率兵包围了大将军府，收回窦宪的大将军印绶。由于顾忌太后的面子，和帝不愿意公开杀害窦宪，便封窦宪为冠军侯，责其与兄弟笃、景、环都回到自己的封国去，然后迫令他们自杀。窦氏宗族宾客中为官的，全部罢免。太尉宋由因附从窦宪，不得不自杀。这场斗争，开东汉历史上宦官与外戚争权的新局面。同时为了奖赏郑众的功绩，和帝升任郑众为大长秋。在赏赐臣下时，郑众往往辞让少受、谦虚谨慎，愈益得到和帝的信任。有什么国家大事，和帝往往先同郑众商量，然后再交大臣们讨论，从此东汉王朝开始进入宦官干政时期。

刘肇成功夺回政权，再现了汉宣帝刘询诛霍禹的故事。

永元八年（96年），窦太后在孤寂中死去，在这之前，和帝一直不知道自己非窦氏所生。窦太后死后，和帝生母梁贵人的族人把这个秘密揭露出来，和帝非常悲恸。三公联名上疏道："应该依照光武帝贬黜吕太后的先例，去掉窦太后尊号，不让她和先帝合葬在一起。"百官亦附和此议。和帝很有分寸，说："虽然窦宪兄弟横行不法，但太后深明大义，生活俭朴，勤劳国事。我跟她生活了十多年，都很清楚，你们不要多说了。"为了表示对生身母亲的怀念，和帝追尊梁贵人为皇太后；梁贵人的父亲梁竦为窦氏诬陷至死，和帝追封为褒亲愍侯；派人迎回梁竦发配到边远地区的妻子儿女，封了梁竦的儿子梁棠为乐平侯、梁雍为乘氏侯、梁翟为单父侯，赏赐巨额钱财。东汉历史上势力最大、为害最烈的一个外戚集团梁氏的势力就此登上历史的舞台。

在一举扫平了外戚窦氏的势力后，刘肇开始亲理政事，每日临朝听政，深夜批阅奏章，从不荒怠政事，故有"劳谦有终"之称。汉和帝十分体恤百姓疾苦，多次下诏理冤狱、恤鳏寡、矜孤弱、薄赋敛，告诫上下官吏反省造成天灾人祸的自身原因。汉和帝永兴元年（105年），垦田面积达732万多顷，为东汉之最，户籍人口达5325万多人。刘肇亲政后使东汉国力达到极盛，时人称为“永元之隆”。

在安定边疆方面，西北有西域都护班超大破焉耆，西域降附者五十余国；东北有乌桓校尉任尚大破南单于，将辽东收归，改为渤海郡。和帝一朝，曾多次平定过少数民族的叛乱，武功赫赫，开疆拓土，四夷宾服。

永元九年（97年），甘英奉西域都护班超之命出使大秦（罗马帝国）。甘英率领使团一行从龟兹（今新疆库车）出发，经条支（今伊拉克境内）、安息（即波斯帕提亚王国，今伊朗境内）诸国，到达了安息西界的西海（今波斯湾）沿岸。这次出使虽未到达大秦，但增进了中国人当时对中亚各国的了解。

元兴元年（105年）十二月二十二日，汉和帝病死于京都洛阳的章德前殿，时年二十七岁。刘肇驾崩后，他出生仅一百余日的儿子刘隆继位，改元延平，是为汉殇帝。延平元年（106年）三月初五日，葬刘肇于慎陵（位于今河南孟津），上庙号为穆宗，谥号孝和皇帝。

献帝初平元年（190年）有司奏请，和帝穆宗、安帝恭宗、顺帝敬宗、桓帝威宗无功德，不宜称宗；又恭怀皇后、敬隐皇后、恭愍皇后并非正嫡，不合称后，都请撤除尊号。献帝诏令说：“可以。”

和帝让后人诟病的主要是他大大提高了宦官的地位，虽然和帝时期，宦官没有形成专政，但毕竟开了给阉人封后侯先例。后来安帝给江京、李闰封侯，顺帝一下子封了孙程等19个宦官为侯，桓帝封五侯、灵帝封十常侍，根子和效仿的对象都是和帝。这不能不算是和帝的一大过失。

而和帝最大的失误是对邓皇后的不察，以及身后的安排。和帝第一位皇后是阴皇后，但后来因为邓绥进宫后恩宠渐衰，因此与外祖母共挟巫蛊道，被废，郁郁而死。邓绥就是邓皇后，她是一个非常有心计的女人，历史证明邓皇后的政治天赋要高于和帝。和帝与和熹邓后的关系，有些像咸丰和慈禧。和帝只活了 27 岁，当了 17 年的皇帝，显然他的身体健康情况是有问题的。而身体不好的原因有可能是两方面的，一是近亲结婚的原因（光武帝刘秀和南阳的邓家、阴家，河西的窦家、梁家，陇西的马家联姻，而且光武帝的后人和这些家族的后人也继续通婚），第二就是大婚太早，皇帝十四五岁身体还未长成就成婚，并且后宫妃嫔如云。和帝的皇子多数夭折，继承人殇帝两岁就死，另一个儿子平原王刘胜也未成年即死。可见和帝很可能有一些遗传性的疾病。

和熹邓皇后，班昭参与政事的推动者

东汉前期的皇后们大多都出身名门，如光武帝刘秀的皇后郭圣通和阴丽华，明帝刘庄的马皇后，章帝刘炟的窦皇后也是名门。到了和帝刘肇这里也不例外。永元四年（92 年），和帝 14 岁，他的婚事正式提上议程。

皇帝大婚是朝廷的一件大事，尤其是少年有为的皇帝，更要大张旗鼓。和帝大婚的准备工作便是广选天下美女，充实后宫，再从中选出两位作为候选人，以备定夺。两位候选人选出来了，一位是大家族阴氏阴纲家的女儿；一位是大豪族邓氏邓训家的女儿。

阴氏选入后宫，立即封为阴贵人。邓氏的父亲邓训在这大选的时日，一命归西，应当选入宫中的女儿邓绥因守父丧，暂时居家，没有入宫。这一年邓绥十三岁。三年以后，出落得花容月貌、亭亭玉立的邓绥正好十六岁，守丧期满，正式送入后宫。在这三年中，和帝改革制度，选拔人才，更新察举，使得政务清明，国势日盛。然而，雄才伟略的和帝留意后宫，一直没有合适的女人可以册立皇后，皇后一位就这样空着。邓绥进入了后宫，也进入了和帝的生活。和帝喜欢上了这位文雅秀丽的女人，封邓绥为贵人，但是否册封皇后还待观察一阵。

邓家是豪门大族，爵至高密侯。太傅公邓禹是东汉的开国元勋，曾辅佐先武帝刘秀创立东汉王朝；邓氏的父亲是护羌校尉邓训；邓氏的母亲是先烈阴皇后族弟的女儿。邓绥就是生长在这样一个富甲天下的王侯之家。

邓绥天资极好，从小就受到了良好的教育。邓绥过人的聪明和仁厚的天性在她很小的时候就体现了出来。史书上记载说，邓绥五岁的时候，祖母即太傅公邓禹的夫人有一天替她剪头发。小邓绥文静、秀雅，很得祖母的喜爱。可是，祖母毕竟年事太高了，老眼昏花，哪里看得清头发？祖母操持着剪刀，一下手就把小邓绥的额头给剪破了，血顿时就往下淌。令仆从们奇怪的是，小小的邓绥竟像没有伤着一样，一动也不动，默不吭声。祖母兴冲冲地剪完了头发，邓绥始终配合，像没事一样。事后仆从们问邓绥，难道不疼吗？怎么一声不吭？小邓绥却摇头说："头破了点皮，出了血，当然有些痛。可是，祖母年纪大了，因为喜欢我才给我剪发，如果喊痛，让祖母知道了，祖母能不难过？所以就忍着。"

邓绥是个很特别的女孩。按照传统观念，女子将来是要出嫁的，所以学好三从四德及女工刺绣才是正经。可是汉朝的女子还有另一类，就是才女。但这些出类拔萃的女子仅仅是少数，要么出身在豪门贵族，或者书香门第。然而最终能载入史册的，更是凤毛麟角。邓绥很幸运，因为她就出生在文化氛围浓郁的贵族家庭，从小就学习历史和儒家经典。

邓绥很早就受到启蒙教育，6岁时便能读史书，12岁就能背诵和讲解经典《诗经》《论语》。哥哥们开始没有意识到邓绥这位小妹很有才华，在他们诵习经书时，小邓绥时或提一些问题，往往把哥哥们给难住，即便琢磨半天也难以回答。哥哥们这才知道自己的妹妹是个了不起的女子，便都叫邓绥为小才女。

小才女邓绥手不释卷，志在浩瀚的经史典籍，以至家里的人都称她为诸生。邓绥日渐长大，从不想着女红，只是一天到晚不知疲倦地读书。邓绥的母亲阴氏便有些担忧，觉得小女儿如此热衷学业，不事女红，将来嫁出去该是如何？好在邓家是豪门大族，想必嫁给的人家也是巨室，不在乎女子必得会些女红。但这毕竟是女子的本分，是应学会的生活技艺。

有一天阴氏到邓绥的闺房，见邓绥正手捧书籍，贪婪地阅读。阴氏便笑着向邓绥说："乖女儿，你不学些女红家事，天天就这么读书，难道要做个女博士吗？女儿家终是要出嫁的，你不学点女红家事，将来如何治家？"聪明乖顺的邓绥见母亲这样说，虽然自己不喜欢女红家事，但还是听从了母亲的话，白天学做女红，晚上学习诵读。

相比母亲的偏见，父亲邓训并非保守之人。他很喜欢这个伶俐乖巧的女儿，不仅支持女儿读书，还常与之议事。小邓绥虽处幼年，却已在父亲的潜移默化之下，参习政务了。邓绥喜爱读书，诵习不倦，越发显得文静秀气，气度不凡。父亲邓训见这个小女儿天赋不凡，才华横溢，心中十分喜欢。父女俩关系融洽和谐，感情很深。

邓绥13岁时，不幸降临到邓家：其父邓训身患重病，不久便离开了人世。邓绥正赶上宫中选美女，但因守丧，便不能入宫。邓绥悲泣哀哭，祭悼着自己的慈父，居家守丧。三年中，邓绥谨守丧礼，不吃荤腥，不事音乐游乐，形容憔悴。家人和亲属、仆役都对邓绥十分爱怜，也十分敬重。

三年丧期刚满，又遇上宫中例选。邓绥恢复了日常饮食，越发显得风姿绰约，亭亭玉立。邓家是豪门巨族，深知这样家族的女子选送进宫，在众多的美女中更容易引起皇上的注意和看重，机会更多，入宫便会册封嫔妃，而皇后之位一直空着，邓绥入宫后有可能荣登后位。

家族商讨此事。邓绥的叔父说："邓绥长得很漂亮，又是个才女，一定造化不小。不是说邓绥在 10 岁时，有几次做梦，梦中自己用手摸天，还仰起头，饮吮着青天下的石钟乳？要知道，这可是登天之象，正应着这次入选，荣登皇后之位！"这番话当然令在座的家人高兴。谁都知道，一旦有女子入主皇后宝座，家族便会鸡犬升天，有享不尽的荣华富贵。邓绥的母亲阴氏便接口说："这闺女可能真的不是常人。前几年请了一位大师算卦，大师听了这个梦，半天不说话，最后才惶惶地说，这是贵象，此梦吉不可言。古时帝尧就曾梦中攀天，帝汤也曾梦中仰头吮天，他们不都成了垂名万世的帝王？这是大吉大贵的梦象！"众人听得心花怒放，觉得这皇后之位非邓绥莫属。邓绥的另一个叔父满怀希望地说道："是啊。当年太傅公就曾说过，说我统兵百万，没有妄杀过一人，日后邓氏家族必兴！看来我邓家有神灵保佑，蒙受福运，该好生祭祀祖先、神灵。"邓绥的哥哥邓骘也说："章帝的时候，父亲受命去晋北，调查滹沱河石臼河的漕运工程，见工程浩大，工役不堪其苦，父亲立即上奏，请求停止工程，让民休息。皇上允准了这一奏请，这下不知保全了多少河工的性命。”

邓绥家人十分兴奋，从邓绥的面貌、梦象到祖宗的积善、功德，七嘴八舌，说得很是热闹。大家都觉得，邓绥是个造化不小的女子，这入宫以后，后位是留给她的！只是，这都是家人的推测，真的命运如何，谁都心里没谱。这个时候，邓绥的母亲阴氏便提议，找一个道行很高的相士，给邓绥看看相，看吉凶祸福如何？家人们都一致同意。

经过寻访，终于找到了一个能预卜未来的相士。这位相士名叫苏文，是闻名洛阳城的神算大师。苏文被请到了邓府，坐定以后，叫邓绥出见。苏文放眼细看详察，只见这位端庄秀雅、亭亭玉立的女子，身材高挑，皮肤白皙，宽眉，凤眼，胆鼻，薄唇，头发乌黑，眉宇间有一股灵慧之气。苏文大师暗自惊叹，这可是富贵之相，未来贵不可言！苏文默不作声，邓绥退到内室以后，苏文才对邓绥的家人说：“恭喜府上，小姐面相正合成汤之格：长身，宽眉；额高不露，凤眼；胆鼻，眼中黑白分明；端庄灵秀，步履泰然；声如鸣凤，音色纯正。这种面相，男必封侯拜爵，女则必为后妃。”

相面高人这番话，令邓家人欣喜若狂。邓家好生装扮邓绥，送邓绥参加例选，自然被选中。邓绥就要进入皇室后宫。邓绥的母亲阴氏一再叮咛：“进了皇宫，和家里不一样，宫中看重礼法，凡事都要谦恭柔顺。宫里规矩多，务必谨慎小心。你这一进宫，是祸是福，就全靠你自己了。”

邓绥随同一道入选的良家美女们就这样怀着惴惴不安的心情走进了

至尊至贵的皇家禁宫。邓绥身材修长，白皙，黑发，乳房丰满，十分引人注目，尤其在美女群中，越发显得鹤立鸡群，超脱不凡。但遗憾的是，邓绥进入后宫以后，一直没有机会见到皇帝，皇帝刘肇忙完政务以后，便去宠爱着的阴贵人宫中，享受着阴贵人的柔情，一同笑谈和玩乐。

阴贵人是三年前选入后宫的。阴贵人出自名门，出身高贵，是光武帝刘秀阴皇后的哥哥前执金吾阴识的曾孙女儿。阴贵人聪慧秀丽，善解人意，通晓书艺，才华出众。阴贵人入宫三年，备受和帝刘肇的爱宠，宠冠后宫。和帝忘记了别的女子的存在，有些离不开她。邓绥入宫后半年，就是永元八年，公元 96 年，和帝 18 岁，隆重地册立阴贵人为阴皇后，邓绥同时进封贵人。

一直空缺的后位一下子被阴贵人夺去了，邓绥家人有些傻了眼，便开始怀疑高人看相不过是信口一说，当不得真。邓绥心中虽然有些失落，但毕竟刚刚入宫，表面上依旧从容恬静，不失大家闺秀的雅致。可是，皇后既然产生了，而且不是等闲之辈的女子，怎么能容忍对自己皇后宝位构成巨大威胁的邓贵人

阴皇后系阴丽华哥哥的曾孙。而邓绥的母亲是阴丽华的侄女。论辈分，她是皇后的表姨。然则等级尊卑，不依长幼。她尽心侍奉皇后，战战兢兢，唯恐有半分差池。对下人，她则关爱有加。皇帝耳闻目睹，对这样一个好女人又怎能不爱?

邓绥谨慎小心，遵守宫禁礼法，可邓绥一点也不知火难随时可能降临。邓绥的身材、美貌、气质风度，都无时不引发着阴皇后的妒火。要

知道，阴皇后是以小巧玲珑的美享誉宫中的，而且一直被皇帝所欣赏、所宠爱。而邓贵人则是长身玉立，文雅娴静中洋溢着一股不可抗拒的妩媚。阴皇后觉得和邓贵人在一起，没有压倒她的那种感觉，仿佛是一只鸡和一只凤凰，无形中便感到自己还是贵人而邓贵人则是皇后。这无论如何也是不能容忍的。

和帝春秋正盛，和阴皇后相处了数年，新鲜感自然不复存在。邓贵人的天生丽质和卓尔不群，自是逃不出喜好美色的和帝眼睛，和帝怎么会放下这样一个美女，置之于冷宫而不顾？这对于一个想拥有天下美色的皇帝的英雄心来说，也是一种征服，一次挑战。

邓绥封为贵人后住在嘉德宫。嘉德宫在九龙门内，宫中静谧、幽雅，景致秀丽，风光怡人。和帝享受了邓贵人的美色后，便转移了对阴皇后的一腔痴情，迷恋起了邓贵人。和帝忽略了阴皇后，也忘记了上朝，只是没完没了地待在嘉德宫，和邓贵人寻欢。娴雅文静的邓绥也只能听之任之，满足和帝。身为后宫妃子，邓贵人总不能将痴情好色的夫君赶出嘉德宫。

阴皇后坐候中宫，从白天等到黑夜，从深夜盼到黎明，中宫没有出现和帝的踪影。这是自邓贵人入宫以后才出现的局面，阴皇后瞪着那双迷人的充血的眼睛，恨恨地注视着九龙门。阴皇后在期盼和仇恨中打发着一个又一个漫漫长夜。长夜的落寞、孤独不断地增长着阴皇后的妒火和仇恨。阴皇后知道，妒火不把邓贵人烧死，自己就会在妒火中自焚。

从外貌的角度来讲，邓绥是个很漂亮的女人，史书对其描述“长七尺二寸，姿颜姝丽，绝异于众”。古代称男子为七尺之躯，也就是说邓绥的身高可以和男子媲美，身材极其苗条，而且容貌颇为出众，是后宫中的佼佼者。这也难怪自从邓绥一入宫后，汉和帝马上就冷落了阴皇后。有一天，宫中设宴，和帝邀众妃美人共饮。酒过三巡，后妃们举杯纷纷向共有的丈夫和帝敬酒。邓贵人高众人一头，真如鹤立鸡群，众美人对此十分含恨。阴皇后这时盯着邓贵人，冷冷地说："邓贵人，你真美啊。长身玉立，像鹤立鸡群，我等真是自愧形秽。"阴皇后口里这么说，脸上却如同罩着一层霜，寒气袭人。众嫔妃嘻嘻地笑，脸上是出了一口气的幸灾乐祸的表情。

邓绥赶忙致礼，诚惶诚恐。邓绥深知宫禁险恶，一有不慎便会招致灾祸。邓绥自入宫后，一直小心谨慎，不合礼仪的事不做，不合宫规的话不说，尤其是进见阴皇后时，战战兢兢，格外殷勤，生怕遗人把柄。对于侍女也是刻意抚慰，不敢慢怠。没想到还是免不了成为众矢之的，还是逃不过阴皇后的斥责。

邓贵人施以重礼后，惶恐地说："回禀皇后，臣妾托体父母，臣妾的一切都是在皇后的庇荫之下，伏望皇后海涵。"邓贵人谦恭惶恐，答得十分得体，阴皇后什么也没说，众美人们也都沉默。邓绥知道，从此以后，越发要小心才是了，否则，后果不堪设想。

压抑和惶恐的邓绥受不了宫中的紧张生活，终于病倒了，一连几日卧床不起。怜爱邓绥的和帝以为是邓贵人思念亲人，有此一病，便格外加恩，准她的母亲、兄弟入宫探望，照料饮食和进药，并特许不限时日。这可是从来没有过的恩宠，连阴皇后也无此殊荣。正是因为这样，邓贵人就越发知道，不能受此恩宠，否则，会招来难以想象的麻烦。

和帝困惑不解，问邓贵人，何以如此加恩反而坚拒？邓贵人就只好回答："陛下，宫禁森严，如果让臣妾的家人进入宫中禁地，有违宫规，为法所不容。而且，陛下这一殊恩，还会招致朝臣对陛下徇私枉法的批评，对于臣妾则更有恃宠之讥。这样上下交损，于公于私都是不好的。所以，臣妾不敢接受陛下的恩。"和帝摇摇头，自语似的说："别的妃嫔，都是以亲人能够进入后宫为荣，贵人反而引以为忧，诚惶诚恐，还怕引起朝议，替朕着想，这实在是太少见，也太难能可贵了。"邓贵人这才转忧为喜，对和帝说："臣妾多谢陛下，陛下的厚恩，臣妾不知道该如何报答。"和帝和邓贵人的感情更加深挚，也更为和谐。

阴皇后受宠多年，一直没有怀孕生子，阴皇后在邓贵人受宠时，最害怕的便是邓贵人怀孕。阴皇后的宠爱被邓贵人夺去了，如果邓贵人再怀孕生子，皇后的宝座真有可能被邓贵人夺去。阴皇后在惶恐中一有机会便千方百计恶心邓贵人，寻衅生事。邓贵人心中恐惧，心里难过，但又能如何？既然进入了深宫，置身其中，只得好生应付。宫中一应的宴会、出游，后妃美人争奇斗艳，标新立异，刻意妆饰，邓贵人总是淡妆素裹，不加任何彩饰，也从不穿任何华丽的衣服。有的时候，邓贵人的衣服颜色、款式大致和皇后相同，邓贵人便立即诚惶诚恐地入室更换。如果有皇后在场，邓贵人从不敢直身傲立，或弛然就座，总是弓身偻腰，站在一旁，谦恭卑微。邓贵人和阴皇后一同进见和帝时，邓贵人也是总往后靠，站在角落，尽量不引人注意。和帝如有问话，邓贵人从不先皇后而回答，总是等皇后答完以后，和帝再问，才简短地答复。

纵情声色、不拘小节的和帝看出了邓贵人的谦卑和小心。和帝认为，邓贵人这样谦卑劳心，这样对皇后以示恭敬，是她仁德宽怀的表现，更反映出她的风雅不凡。和帝便由衷地赞叹说：“邓贵人这等谨慎用心，修德之劳，实在是太难为她。”

和帝渐渐离不开邓贵人。皇后越发妒恨。邓贵人见此情形，心中十分不安。和帝宠眷邓贵人，入夜后总是到嘉德宫留宿，邓贵人便称自己有病，让和帝到中宫陪着阴皇后。邓贵人知道，自己已是够招人恨的了，如果专宠，更会招恨。

后宫后妃美人很多，但一直没有人怀孕。邓贵人以皇帝后嗣为忧，常为皇子祈祷，并亲自采选宫女，送给和帝。和帝爱幸她，侍婢敬重她，宫女称颂她，邓贵人的宽厚仁德便享誉宫中，超过了皇后。阴皇后更是咬牙切齿暗恨不已。邓贵人心中无愧，尽管这样委曲求全，还是不能见容于皇后，邓贵人感到做人不容易，活得太累，也太艰难。

永元十三年（101 年），年方 22 岁的和帝刘肇不幸染病，卧床不起。和帝生命垂危，挣扎在生死阴阳界中。坐镇后宫的阴皇后顿起杀机，以为时机到了，正好可以杀尽邓氏家族，以泄多年的怨恨。阴皇后恨恨地对左右说：“我一得志，一定要杀了邓贵人，杀尽她的全家，看她还能神气什么！”

当时，卧病不起的和帝住在章德宫，皇后阴氏住在长秋宫，邓贵人住在嘉德宫。皇帝卧病，除了皇后以外，没有皇帝的宣召，谁也不能随意进入章德宫探望病情。所以，只有阴皇后知道皇帝的病情，而阴皇后出此狂言，近侍们就知道了此话的分量，猜想皇帝可能真的不行了。如果皇上真的驾崩，皇后得势，邓贵人及其家族就会真的死无遗类了。阴皇后的近侍敬仰邓贵人，也同情她，便悄悄地将这一情况告诉了邓贵人。

邓绥闻听此言，十分伤心地说："我如此尽心竭诚地侍奉皇后，却得不到她的理解和庇护，我虽然没有陪葬的义务，但也只能跟从皇上一起去死了。只有这样，才能上报答皇上的宠爱之恩，中可解除宗族被灭之祸，下不使阴氏因残害我为'人豕'而背上骂名。"说完，邓绥就要服毒自尽，幸被宫女赵玉极力制止，并谎称宫中来人说皇上病体已痊愈，邓绥信以为真，这才没有死成。第二天，皇帝的病果然真的好了。

和帝渐渐康复了。下朝以后，和帝依旧更多地走向嘉德宫，和邓贵人同吃同宿。阴皇后一天天被冷落，忍耐力便到了极致。可是，阴皇后又能如何呢？无可奈何的阴皇后便想出了一个无可奈何的主意：以巫蛊诅咒邓绥，让邓绥早日死去。流行于汉宫的巫蛊活动一直为宫中女子所信奉，但汉宫中严禁此类不仁的行为，被视为邪道，坚决禁止。而阴皇后所行的巫蛊是最毒的那一种。

阴皇后巫蛊恶咒邓贵人，赢得了家人的支持。阴皇后的外祖母邓朱经常出入长秋宫，阴皇后让邓朱在家中秘密供养毒虫，行巫蛊秘术，巫咒邓贵人。时间一久，有心腹密告和帝。和帝自然大怒，但和帝表面上不动声色，暗中派心腹查实。查核的结果，自然真有其事，不仅邓朱和皇后参与其中，还包括邓朱的两个儿子和阴皇后的三个弟弟。

和帝勃然大怒，认为阴皇后有失妇德，违反宫规，不足以母仪天下。和帝派司徒鲁恭到中宫长秋宫，收回皇后玺绶，废阴皇后名号，迁阴皇后出长秋宫，坐废于桐宫。事发以后，邓贵人极力劝阻和帝，营救阴皇后，但和帝不听，一切无济于事。阴皇后这年才二十四岁，入宫十余年，不仅被废了皇后名号，还祸及家族：舅舅邓奉、邓毅，弟弟阴辅，逮捕入狱拷问致死；阴后的父亲阴纲自杀；另两个弟弟阴敞、阴轶及邓朱家族流放日南 (今越南)。不到一年，阴皇后在忧郁中去世。

邓贵人心情复杂，不知道该高兴还是该痛苦。阴皇后自己逼死了自己，害了自己一家。邓贵人仿佛经历了一场大变故，内心变得麻木和平静。邓贵人觉得一无所求，只期望平静地生活。然而，皇后一位空缺，朝臣们不能保持沉默。永元十四年的冬天，大臣奏请和帝立后的奏章纷纷送进后宫。

经历了这场变故，和帝对于立后越发慎重。和帝觉得，皇后必须德昭天下，仁被四海，只有这样，才可以上承宗庙，母仪朝野。而具备皇后资格的，和帝心中有数，她便是贵人邓绥。这样，经过议定，册立邓贵人为母仪天下的皇后。

册立皇后的大典是在永元十四年的冬十月举行。邓绥册为皇后的这一年是 22 岁。她知道，自己已经没有了死敌手，但年纪太轻，位居至尊，恐怕德薄。邓后手书拜谢，谦恭有加，谨慎小心地德治后宫。邓绥求学于学识渊博的宫中女官曹大家。曹大家即班昭，是《前汉书》作者班固和建功西域的定远侯班超的妹妹。

邓绥师从班昭，虚心学习。邓绥向班昭既学经史子集，又学天文、数学。班昭在讲学之余，写下了一篇流传千古的《女诫》七篇，从修身、养性、居家、处世诸方面深入浅出地阐述和论证。《女诫》中强调女子四行，即妇德、妇言、妇容、妇工，指出这是中国妇女的美德标准，应当好好遵循。邓后礼重班昭，更看重《女诫》。邓后常以《女诫》自律，教育宫人。当时，郡国竞相进献珍宝，宫中、朝中奢靡成风，各级官员争先恐后搜罗奇珍异物进呈宫中。邓后正位中宫，下旨取消一应上贡珍玩，严诫奢费，只要求地方进献纸墨，其余一概摒除。

汉时宫中惯例，一旦正位后宫，皇后家族便要封官拜爵。和帝在邓绥册立皇后以后，也要依例进封邓氏家族，邓后却婉辞拒绝。邓绥熟读史书，深知后族强大，必将招至皇族的抗拒，结果不是坐废，便是满门灭绝。直至和帝去世，邓后的族人都没有高官厚爵。邓后的哥哥邓骘在和帝去世前，只不过是个中级武官的虎贲中郎将。

和帝纵情声色，饮酒纵欲，使得体质虚弱，易染重病。邓绥册立皇后一年，和帝再度病倒，而且病势日重，生命垂危。元兴元年（105年），和帝终于不支，终年26岁。和帝猝然离世，皇后没有子嗣，这江山社稷该交托何人？时年25岁的邓皇后便要做出决定。邓皇后此时已入宫9年，几起几伏，险些丧命，也受尽了皇上的宠爱。但遗憾的是，邓氏一直没能怀孕生子。怎么办？如果立皇帝，自然是立别的女子的儿子，一旦皇帝长大，手握皇权，自己将被置于何地？邓后便下定决心：权力必须自己掌握，决不能放权。

和帝这时有两个儿子：长子刘胜，次子刘隆。刘胜是和帝和宫女生的，此时年满八岁，但不能言语，天生痴愚。刘隆刚刚降生，才两三个月。按立嫡立长的原则，和帝去世，宜立刘胜。可是，此时的邓后已不是当年那个委曲求全、谦卑屈膝的女子，而是权重天下的皇后和未来的太后，邓后肯定要从自己的角度细细考虑，安排人选。

刘隆出世才几个月，邓后考虑，将刘隆养为己子，立为皇帝，自己既可以听政，又便于控制，岂不是很好？这样，邓皇后建议立刘隆为帝，大臣们不能不奉旨。刘隆即位为帝，就是汉殇帝。邓皇后尊为皇太后，总揽朝政。由此，东汉开启了一段为期 16 年的邓皇后主政史。

俗话说，一个好汉还需三个能人帮呢，更何况楚楚动人的邓绥。而辅佐邓绥宫斗以及执政的不是别人，正是班昭与蔡伦。

先说班昭，这人的来历可不一般。她是东汉史学家班彪之女，就是班固的妹妹。汉和帝当政期间，班昭本着续写《汉书》的使命入宫，奈何后宫争斗不断，汉和帝有点 hold 不住了，就让写下《女诫》一书的班昭给后宫众嫔妃开一个“素质教育突击补习班”。

在这里，班昭发现邓绥这个姑娘与众不同，不与人争且学富五车，两人相见恨晚、惺惺相惜。话说，邓绥的“以退为进”策略正是班昭指点的。

再说蔡伦，就是那个发明造纸术的宦官，可是你别小瞧这个宦官，能从一个小宦官逆袭到位列九卿，凭的可绝不仅仅是一个个小发明，善于站队是蔡伦的一大特长。

举个例子，在邓绥未做皇后之时，蔡伦已经深得汉和帝喜爱，年薪拿到了两千石。但是蔡伦觉得，汉和帝身体一年不如一年，并且看起来汉和帝对阴皇后越来越烦，于是果断站在邓绥这一边。

邓绥喜欢舞文弄墨，为了投其所好，蔡伦主动降薪到六百石，担任负责宫廷创造发明的尚方令。对发明有着天赋的蔡伦很快就在西汉造纸术的基础上，加以改进，发明了现代我们使用的纸张，受到邓绥信任。

邓绥主政之后，不管是治理国家还是用人方面，都很快地展现了她的才能。

和帝驾崩那年，邓绥只有 25 岁。一夜间成为天下之主，她深知肩上的重任。东汉王朝已现衰落，四夷寇边而内忧不断。她以缓和社会矛盾为目的，奉行德治。称制后数月曾发布一道诏书，表示要施惠天下，并实行大赦，将光武帝刘秀以来，诸犯禁锢之罪人一概赦免。其文曰："皇帝幼冲，承统鸿业，朕且权佐助听政，兢兢寅畏，不知所济。深惟至治之本，道化在前，刑罚在后。将稽中和，广施庆惠，与吏民更始。其大赦天下。自建武以来诸犯禁锢，诏书虽解，有司持重，多不奉行，其皆复为平民。"这是她推出的第一项惠民措施。一个月后又再次下诏，将获罪为奴的刘氏宗亲、外戚一概赦免，阴氏也因此受益，从施行巫蛊的罪责中解脱出来。

史书记载，就在邓绥刚执政的几个月里，针对当时国力不足，以及社会各阶层浪费奢侈现象，邓绥果断出手予以打压，厉行勤俭节约。

邓太后临朝，下令朝中辅臣可以进入后宫奏事。邓太后控制了朝廷和宫中的大权。但邓太后毕竟是女子，朝野大事总不能事必躬亲，一一过问，依靠谁来执政？自然是自己的家人，邓氏家族。邓后已经不是当年那个克己奉公、不敢给自己家族封官拜爵的邓皇后了，而是手握生杀重权、无所顾忌的太后，对邓氏族人大肆封官拜爵，给予要职。

接着，邓太后整顿宫闱。宫中由各地供应的衣物，堆积如山，贡物源源不断，民深以为苦，邓太后下令减少或减半。宫中饮食太过奢侈，邓太后下旨只许早晚吃一肉一饭，不许乱加乱添，更不许动辄山珍海味。各地郡国的年例贡物一律减半。郡国和地方遭受灾害，则统统免除一年租赋。最为仁德的是，在宫中多年的邓后深知久居深宫的女人的痛苦，下令所有掖庭侍女、宗族家养的妇婢，遣归回籍，各令婚嫁。

邓绥一边施行廉政，安抚百姓，一边对上层建筑示恩施惠。她不仅大赦天下，并且提倡教化，重祭祀、兴学府，并重修五经、诸史。

在用人方面，邓绥与各朝明君相比也不遑多让。邓绥对自己严格，对别人要求也甚高。一个鲜活的例子是，邓绥的侄子邓凤因收取了别人几匹马，吓得邓绥的哥哥亲自将儿子邓凤的头发剃光，以此向邓绥请罪。

刘隆即皇帝位才八个月便不幸死去，皇位又一次空缺。就面临的难题来说，刘隆去世时才一岁多一点。剩下的就只是和帝唯一的儿子年方9岁的刘胜。刘胜已经错过了第一次的机会，邓太后担心，前一次没有立他，他难道不怀恨在心？如果这次立他，他会认为是理所当然的，等到他执政，肯定会报复。

邓太后就查看亲藩中有哪一个继承皇位较为合适，关键是要年幼的，越小越好，便于控制。皇家世系的玉牒记载得清清楚楚的，一查便知道，和帝的哥哥清河王刘庆是和帝最近的一支，刘庆有个儿子，名叫刘祐，年方13岁，看来只有他最合适。邓太后经过细细察看和了解，又召刘祐入宫看视，决定立刘祐为帝，就是汉安帝。邓后依旧尊为太后，临朝执政，掌握朝野和宫中大权。邓太后经过了亲身体验，觉得权力决不可轻易授人，一定要牢牢握在手中，一旦安帝成年，也不能拱手让权。

毫无疑问，她爱权力。然毕生操劳，所为者何？不正是汉家的锦绣河山吗？正如范晔在《和熹邓皇后传》中评论道："持权引谤，所幸者非己；焦心恤患，自强者唯国。"

邓太后苦心经营，希望邓氏家族能免灭门之灾，长相保守，但事与愿违。建光元年，邓太后执政16年，病死宫中，终年41岁。这一年汉安帝28岁，亲理朝政。邓太后去世，有人密告，说太后的兄弟邓悝、邓弘、邓阊曾经想废掉安帝，另立刘胜。安帝借机大动干戈，吩咐收捕邓悝、邓弘、邓阊的儿子，以大逆不道罪，撤官为民，迫令自杀，家属流徙。接着，邓氏子弟在官的七人，都被迫自杀。

邓绥临朝称制达16年之久，在后代史学家看来，邓绥执政期间，外戚宦官均不能为祸，她日夜操劳，增收节支，减轻赋税，救济灾民，终使百姓安居乐业。邓绥死后，东汉王朝开始走向没落。

在后世有史学家认为，无论是主政还是做人，邓绥都比一代女皇武则天高明得多，但显然武则天的名头更为响亮。

班昭为女师，出入宫廷的奇女子

《汉书》刚出的时候，有很多人读不通，需要向班昭请教。马融还跪伏在东观藏书阁外，亲耳聆听班昭的讲解，受读于班昭。马融是谁？东汉名将马援的从孙，前文所说的马续的弟弟，是东汉儒家学者，著名的经学家，尤长于古文经学，他的门生有遍注六经的经学家郑玄，还有被誉为东汉“儒宗”的大学者卢植等。

和帝也数次召班昭进宫，令皇后及诸位贵人以师事之，号曰曹大家——就是由她教授后宫嫔妃，包括天文、历史、义理之学等。大家，“家”音姑，意即大姑，对女子的尊称，曹是她夫家之姓。自此，天下人莫不称她“曹大家”，后世也多沿用这个称呼。

不但如此，每有人进贡特异之物，和帝便诏令班昭前来做赋颂。但这些赋颂大都遗失，《全后汉文》里收有几篇，此处选一篇《大雀赋》作为代表：

大家同产兄西域都护定远侯班超献大雀，诏令大家作赋曰：嘉大雀之所集，生昆仑之灵丘。同小名而大异，乃凤皇之匹畴。怀有德而归义，故翔万里而来游。集帝庭而止息，乐和气而优游。上下协而相亲，听《雅》《颂》之雍雍。自东西与南北，咸思服而来同。

兄送大雀妹做赋，今人看来是精致的马屁，在古人却是正常之举。读来比那些写爱情诗词给皇帝以喻君臣之义的要更容易接受些吧？但这样的赋，咏物，且是应诏之作，自然做不出什么新意，不过是吾皇盛德，祥鸟来临，然后百官扬尘舞蹈，山呼万岁。这符合那个时代的审美，雍容优雅，花团锦簇的屏风上一只绣得亮闪闪的织金雀，是盛世的一点点缀。

这一段时期，班昭最为动人的文字，是给和帝上的一道奏疏，后人题作《为兄超求代疏》。班超封定远侯，拜西域都护，从公元73年首次出使西域算起，来来回回，快要30年了。此时的他已须发皓白，年近70古稀之年，一心想叶落归根，重回故土。公元100年，安恩国的使者到洛阳进贡，班超派儿子随行，送上奏章："臣不敢望到酒泉郡，但愿生入玉门关。谨遣子勇，随安西献物入塞，及臣生在，令其目见故土。"这话说得苍凉，沉重，充溢着日暮的悲哀，仰乞之情直愿天可怜见。可是，皇帝对此置之不理。转眼3年过去，班超几次上书，都无有回音。在给小妹的信里提及此事，他深感来日无多，只恐客死异乡，又是焦灼又是无奈。兄妹手足情深，班昭展信落泪，之后援笔而就，给皇帝上了一道疏：

妾同产兄西域都护定远侯超，幸得以微功特蒙重赏，爵列通侯，位二千石。天恩殊绝，诚非小臣所当被蒙。超之始出，志捐躯命，冀立微功，以自陈效。会陈睦之变，道路隔绝，超以一身转侧绝域，晓譬诸国，因其兵众，每有攻战，辄为先登，身被金夷，不避死亡。赖蒙陛下神灵，且得延命沙漠，至今积三十年。骨肉生离，不复相识。所与相随时人士众，皆已物故。超年最长，今且七十。衰老被病，头发无黑，两手不仁，耳目不聪，扶杖乃能行。虽欲竭尽其力，以报塞天恩，迫于岁暮，犬马齿索。蛮夷之性，悖逆侮老，而超旦暮入地，久不见代，恐开奸宄之源，生逆乱之心。而公卿大夫咸怀一切，莫肯远虑。如有卒暴，超之气力不能从心，便为上损国家累世之功，下弃忠臣竭力之用，诚可痛也。故超万里归诚，自陈苦急，延颈逾望，三年于今，未蒙省录。妾窃闻古者十五受兵，六十还之，亦有休息不任职也。缘陛下以至孝理天下，得万国之欢心，不遗小国之臣，况超得备侯伯之位，故敢触死为超求哀，丐超余年。一得生还，复见阙庭，使国永远劳远之处，西域无仓卒之忧，超得长蒙文王葬骨之恩，子方哀老之惠。《诗》云：“民亦劳止，汔可小康，惠此中国，以绥四方。”超有书与妾生决，恐不复相见。妾诚伤超以壮年竭忠孝于沙漠，疲老则便捐死于旷远，诚可哀怜。如不蒙救护，超后有一旦之变，冀幸超家得蒙赵母、卫姬先请之贷。妾愚戆不知大义，触犯忌讳。

此疏被视为古代文学史上最经典的文章之一，婉转陈情，丝丝入扣，不由人不动容。开篇先讲恩。极言皇恩浩荡，感激之情溢于言表，这是奏章应有之义。把皇帝的恩义先摆一摆，送上一顶高帽子，他会更容易接受臣下的请求。接着讲功。很聪明地尽量淡化其功，强调其忠，强调班超以一身辗转西域，是抱着必死之志立下这等微功的。一句“至今积三十年”，马上转入对班超老境的描述：随从尽死，骨肉生离，身体衰弱多病。皇帝览奏章也是阅读，同样要受阅读心理的支配，利用好这一点才能打动他。此处从头发到手脚、耳目的详细刻画，尤为细致传神，令人起同情心。然而仅止于此是不够的，马上就势以衰老做文章：不是班超不想继续在西域尽忠，实在是年迈体衰有心无力，一人身死倒也不是什么难事，怕的是蛮夷之人见他老弱而生逆乱之心，最终的结果是有损于国家。这是从国家利益的高度出发，既显得深明大义，又使请求顺理成章，皇帝读到这里自会有所思而重视起来。

为了强化，班昭连用两个典故，“文王葬骨之恩”和“子方哀老之惠”。周文王修建灵台池沼，掘地得死人之骨，官吏打算抛之荒野，文王制止，下令用衣棺盛装重新安葬好。人们都夸奖文王之贤：“连死人的尸骨都能受到他的恩泽，更何况活着的人呢？”田子方，战国时魏文侯之师，他见文侯手下丢弃一匹老马，认为它少壮时尽过力，老而弃之是不仁，于是把这匹马收养了，同时也就把天下勇士的心收入到了囊中。这两则故事，在哀告之外，还带着讽喻色彩，不由皇帝不思索。

行文至此，理已尽明，情的分量却似不是很足。下文“超有书与妾生决”，既是对此次上疏的交代，也是要以情动人。“决”即“诀”，活着的人讲死别的话，这样的生诀该是多么沉痛！眼看哥哥壮年为国家，老来却将要身死沙漠，亲人生分离死也不能作别，怎不叫做妹妹的伤情！

结句用典也很可琢磨。赵母，就是那个纸上谈兵的赵括的母亲，赵国名将赵奢之妻。在赵孝成王用赵括为将之前，赵母就先上书阻止，赵王不听，赵母因此提出将来不可治赵家之罪。最后果然兵败，但家人并未被祸及，也是这赵母聪明之处。卫姬也是一个聪明女人，卫国公主，齐桓公的夫人。桓公与管仲谋划伐卫，退朝后回到宫中，卫姬察言观色便知桓公心思，即刻下拜为卫国请罪，成功阻止了这场战争。“冀幸超家得蒙赵母、卫姬先请之贷”，既是暗示会有不测结局，也是为班氏家族预留后路，还成功申明上疏目的，再加上“妾愚戆不知大义，触犯忌讳”，使和帝不好因妄言国是而降罪于她。

这个奏疏，今天去读，仍能感受到文字里智慧与情感那沉甸甸的分量，也就无怪乎当日那个特定读者的反应了。和帝读毕，面色戚然，沉默良久，旋即下旨把班超调回京城。班超与班昭兄妹团圆，一个月后病逝，长眠于朝思暮想的故土。可以说，是班昭的上疏，及时实现了班超人生的最后一个愿望。

公元 105 年，和帝刘肇驾崩，皇后邓绥扶立刚满百日的婴儿刘隆为帝，是为汉殇帝。一年后，殇帝夭折，邓绥又立不足 13 岁的刘祜为安帝。邓绥，即历史上有名的邓太后，辅佐过三代皇帝，垂帘听政长达 16 年之久。据《历代皇后列传》，从和帝的时候，邓绥就“从曹大家受经书，兼天文、算术”，及至作为太后执政，仍尊班昭为师，向她问计问策。班昭身为女人，却有士的胸怀，崇尚儒家经世致用的思想，积极关注并参与现实。邓太后执政时期，国事家事，前朝后宫，班昭始终伴随左右，竭尽心智辅佐，对当时政治的清明、社会的安定也做出了一定贡献。

《后汉书》里记载了一件事，作为班昭参与政事的证明。大将军邓骘是太后的兄长，辅理国政，为太后所倚重。因为母亲过世，上书乞归守制。太后不想答应，又不好决定，便询问班昭。事实上，邓太后能在内忧外患下稳掌权柄，发展农业，兴办教育，上安抚朝臣，下赈济灾民，是个了不起的女执政者，但后期同样陷入对权位的迷恋之中，迟迟不肯归政于安帝，诸事倚重外戚，朝廷上下已有微词。邓骘手握大权，却很知自律，把形势看得很清，惧怕最后同和帝时的外戚窦宪一个结局，所以只想急流勇退，把邓氏家族从权力的漩涡里抽离。班昭是明白邓骘心事的，遂上疏曰："谦让之风，古来有之，乃德莫大者，连《论语》也主张以礼让为国。大将军今日为忠孝而引身自退，是正当其时。如若不允，日后哪怕是一点纤微之过，也会使今日这退让之名不可得了。"太后因此准了邓骘。

曹大家参与国政，出入勤谨，邓太后感佩之余，封她的儿子曹成为关内侯，官至齐相。班昭逝世后，就连邓太后也亲自为多年的老师素服致哀，为她举行国葬。今天，在金星上有一个陨石坑就是以她的名字命名的，叫作班昭陨石坑。

第五章 毁誉参半，班昭的生前身后事

班昭作为历史上第一位留下名号的女子教育家和史学家，她留给后人的不仅是《女诫》和《汉书》，围绕着她的一生，还有很多解不开的谜团。后人对她本人的评价也是毁誉参半，这是为何呢？

班昭究竟叫什么

名称不仅仅是一个人的代号，还反映了人们对他（她）的认识以及称呼者的思想观念，因而人物称谓也具有深刻的文化内涵。我国汉代著名的史学家、文学家和教育家班昭，一生称谓较多，正史称为“曹世叔妻”；而她名“昭”、“一名姬”，字有“惠班”与“惠姬”两说；号有“曹大家”，后人又多有称她为“女圣人”“女教圣人”“儒林女圣”。“圣人”之称非等闲之人可得，班昭此称源自何处、始于何时？

“曹世叔妻”之称，历来没有分歧，这是正史记载女人的通例，往往首先标明的，并非女子自己的姓名，而是某某人之妻或某某人之女、某某人之母。所以最早记载班昭生平的《后汉书》标明她是“曹世叔妻”——这是正统史家赋予班昭并得到普遍认可的名称，她就是以此名称和身份进入了以前为男子一统天下的正史列传中。班昭十四岁嫁给同郡士人曹寿。曹寿，字世叔，史书除班昭本传介绍他为班昭丈夫外，别无记载，可见其生平没有显著成就。即便如此，正统史家也本着“丈夫虽贱皆为阳，妇人虽贵皆为阴”“阳贵而阴贱”“无擅制之义，而有三从之道也”的礼教原则（卷十一《阳尊阴卑》）取曹寿的字以示其尊来称呼班昭为“曹世叔妻”。后世的史书中以班昭入传或谈到班昭的，也多沿此例。

“惠班”说出于班昭本传。今本《后汉书·列女传》云：“扶风曹世叔妻者，同郡班彪之女也，名昭，字惠班，一名姬。”但清代王先谦《后汉书集解》言：“沈钦韩日：陆龟蒙《小名录》‘班昭，字惠姬’，《文选》李善注引范书正作‘惠姬’，此误衍‘班一名’三字。”据文渊阁《四库全书》收录的唐代陆龟蒙的《小名录》，其卷上介绍班昭之文云：“班昭，字惠姬。曹世叔妻，彪之女也。《大家集》云：父为陈留长，大家随至作《东征赋》。”这里陆龟蒙说班昭字为“惠姬”，不知有何依据？早于陆龟蒙一二百年的李善和李周翰，也说班昭字为“惠姬”。《六臣注文选·东征赋》云：“翰曰：《后汉书》云：扶风曹世叔妻者，同郡班彪之女，名昭，字惠姬。和帝数召入宫，令皇后贵人师事焉，号曰‘大家’。子谷为陈留长垣县长，大家随至官，作《东征赋》以叙行历而见志焉。”这里李周翰说明了他的资料来源是《后汉书》。但我们知道，除范晔《后汉书》外，记录东汉历史的著作还有很多，不知李周翰所言是哪家《后汉书》？然而早于他一百多年的李善却明确说是依据为范晔的《后汉书》。《文选》李善注曰：“范晔《后汉书》曰：扶风曹世叔妻者，同郡班彪之女也，名昭，字惠姬。年十四聘世叔，和帝数召入官，令皇后贵人师事焉，号曰‘大家’。”由此可以推断两位注者所言的是同一部《后汉书》。可见唐代人所见范晔《后汉书》“曹世叔妻”是称班昭字“惠姬”的。

此后各代均有持班昭字惠姬说者。如杜诗《送王十五判官扶侍还黔中得开字》有“大家东征逐子回”句，宋代王洙注“后汉扶风曹世叔妻者，同郡班彪之女，名昭，字惠姬”。元代方回《瀛奎律髓》卷二十四征引此诗也沿用了这种解释。明代贺复征在《(梁氏）古今女史序》云：“独照之匠，大雅之宗，千秋来大家惠姬辈，未易弹指也”显然都是以尊号和字来尊称班昭。清代毛奇龄的诗文中多处谈到班昭，称其为惠姬。如《黄媛介入越感赠》云“南国久无刘妹赋，东征应有惠姬篇”。再如《嗣音轩诗集序》云：“故吾谓班氏一家，以叔皮为父，孟坚为子，而又得惠姬、道蕴辈，以为之姑妇，则其为一家之文，必更有异，而惜其不然也。”

那么，今本范晔《后汉书》中的“惠班”说源自何处呢？是范氏原本如此，还是后世流传导致的衍误？目前尚不能确知，但从后代人征引范晔《后汉书》的情况看，唐代人基本都持“字惠姬”说。“字惠班”说最早出现在宋代，宋人言班昭者多认为她的字为惠班。如朱翌所撰《猗觉寮杂记》卷下云：“古者妇人女子亦有名字，如孟光字德曜、曹昭字惠班之类是也。”

两处征引范晔《后汉书》称班昭字惠班，其中一处已提到“名昭，字惠班，一名姬”，与今本《后汉书》一致。后来宋末元初的郑樵在《通志·列女传》中为班昭立传，也如是说。明清时人，称班昭为惠班的更多，如明代的陈士元、彭大翼、解缙等。由此可以看出沈钦韩所言较为合理，班昭一人有二字的可能性不大，“惠班”和“惠姬”必有一误，既然唐人所见《后汉书》为“惠姬”、至宋才出现“字惠班，一名姬”的说法，那最大的可能就是《后汉书》在流传中多出了三字，这也符合书籍致误的一般规律。

在东汉以后的历代文献中，言“班姬”者，绝大多数指的是班昭的姑祖班婕妤，称班昭为“班姬”者较少。从现在所能见到的资料看，最早的是南北朝时期的刘勰。在《文心雕龙·诏策第十九》中，刘勰谈到“戒”这种文体时云：“及马援以下，各贻家戒。班姬《女诫》，足称母师矣。”这里将班姬与《女诫》并言，显然不是指班婕妤，而是班昭。如按上文推断，“班一名”三字是后世误衍，“一名姬”的说法是不正确的，况且“字惠班，一名姬”的说法至宋代才出现。那么，何以刘勰称班昭为班姬呢？究其原因有三种可能：一是对女性的美称，“姬”“媛”等字经常被加于女子的姓氏后面用以称呼女性，含有赞美的意味；二是连称班昭的姓氏与字又加以省略的结果；三是误以班婕妤的常用称呼来指班昭。而第一种可能性最大，因为在刘勰之后长时期内未见再有如此称班昭的，直至宋代才又有人称班昭为班姬，但有的明显是对她的美称而非指其名，如宋陈思编《两宋名贤小集》有“好读班姬诫，休吟谢女诗”，以“班姬”对“谢女”，显然“姬”是对女性的美称。

从时间来看，“班姬”的说法大致与“字惠班，一名姬”说相吻合，因而宋代以后称班昭为“班姬”的，如宋代徐铉的《刘公神道碑》云“谢氏之门，师范两朝，室有班姬之训，荃蘼兰蕙映戚里”。元代萧鞆的《哭殇女》“读得班姬女戒篇，略通一二未精研”。除了美称以外，还因为流传的《后汉书》班昭本传有衍“班一名”之误，从而使人误以为班昭有另一个名字为“班姬”所致。

我国古人观念中早就有“女子外向”的说法，一旦女子嫁为人妻，也就成了夫家的人，因而古称女人出嫁为“归”，由此对已嫁妇女的称呼，也有不再称娘家姓氏而改从丈夫的，所以历史记载中还有称班昭为曹昭的。如明代秦淮寓客辑的《绿窗女史》中就在班昭的大作《女诫》下署名为“汉曹昭”，同时代人所编的《居家必备》也如是称，但因为班昭一家父女兄弟文史成就较高、声名远扬，她又是著名的“三班”之一，所以这一称呼并不普遍，相对而言，“曹大家”一称却很流行，后世人言班昭者往往称其为曹大家。

那么，“大家”是其封号吗？《后汉书》本传记载“帝数召入宫，令皇后诸贵人师事焉，号曰大家。”并未说明“大家”是封赐还是尊称。而明末清初王相所编《女四书》，《女诫》的笺注则称为赐号，王相云：“邓太后嘉其志节，诏入宫以为女师，赐号‘大家’。清代乌程严衡辑、方应时补注的《闺门必读》以及现代人藜舟贵客的《班昭评传》中，都认为“赐号大家”。可见认为“大家”是赐号的大有人在。

但也有人认为“大家”仅仅是尊号而非封号、赐号。据史书记载，汉代被称为“大家”的共有两位，班昭是其一，另一位就是汉顺帝之妃、冲帝之母虞美人。我们考察一下这位“大家”称号的来历就可以推知班昭这一称谓的情况了。虽然《礼记》早就宣称“妇人无爵，从夫之爵，坐以夫之齿”，东汉班固的《白虎通义》也声称“妇人无爵”，但实际上妇人封侯早已有之。西汉高后称制四年，封吕嬃为临光侯，后来又封萧何夫人为郝侯。东汉光武帝封东海恭王的三个女儿为小国侯。都是妇人有爵的实例。而且，“汉兴因秦之称号，正嫡称皇后，妾皆称夫人，又有美人、良人、八子、七子、长使、少使之号”。可见后妃之称皆为封号，美人当然也不例外。可是，随时代的变迁，后妃称谓也发生了变革。到光武中兴，“六宫称号，唯皇后、贵人”，虽然“又置美人、宫人、采女三等”，但“并无爵秩，岁时赏赐充给而已”。所以，虞美人虽“以良家子年十三选入掖庭，又生女舞阳长公主”，但“顺帝既未加美人爵号”，故而“美人”并非她的封号，“而冲帝早夭，大将军梁冀秉政，忌恶佗族”，形势所迫，因而虞氏“抑而不登，但称‘大家’而已”。这位先帝之妃、天帝之母，与“虽贱，尚有追赠之典”的臣子相比，地位不是不尊贵，只是因为没有封号和爵位，所以朝野上下才不得不尊她一声“大家”。所幸后来有大臣认识到虞美人“诞生圣皇，而未有称号”，“无以述遵先世，垂示后世”，因而上言桓帝，帝感其言，才拜虞大家为“宪陵贵人”。由虞美人的遭际可见，“大家”仅仅是一个尊称而已，故而我们推知“曹大家”之谓也非赐号、封号，而只是尊号。

然而，由虞美人的经历也可以知道，“大家”一号也决非等闲之人可以获得的。班昭正是因为她“有节行法度”、学识渊博，且有远见，所以深得汉和帝、邓太后的崇敬，荣任后妃之师。在她死后，就连临朝称制的邓太后都“素服举哀，使者监护丧事”，可见她的地位之尊崇，因而才赢得了“曹大家”这一尊号。

对于班昭的评价最高的莫过于称之为“女圣人”了，这一称谓肇始于唐代侯莫陈邈妻郑氏《女孝经》。郑氏的侄女被册封为永王妃，因而她作《女孝经》以示规戒。但她自称"妾不敢自专，因以曹大家为主"，仿《孝经》的体例，将班昭比作孔子，似《孝经》中儒教圣人孔子教导诸弟子一般，每章记述的是班昭训诫诸女之言。但这里郑氏并未直接称班昭是女圣人。据新旧《唐书》记载，稍晚于她的宋若莘作《女论语》也用了此况。不过与郑氏不同，她将韦逞的母亲宋氏比作孔子，而将班昭比作颜渊、闵子骞。可见宋氏姐妹对班昭没有像郑氏那样推崇。但宋若莘仿《论语》之作早已亡佚，倒是近于浅俚的若昭申释之作得以保存至今，恐怕与宋若莘要汉代班昭从师受教于后世晋代韦逞母的假设过于荒谬有很大关系。宋氏《女论语》问世后，除《新唐书·艺文志》著录外，多数目录著作并未提及，直至明清时期，"事取其平易而近人，理取其显浅而易晓"，儒者王相和陈宏谋才分别将今本《女论语》编入《女四书》和《教女遗规》中，使其得以广为流传，成为女子幼学的必读教材，足见比班昭为孔门弟子说并未得到正统儒家学者的认可。与其相比，倒是将班昭比为女界孔子的郑氏《女孝经》得到了儒者的认可并得以较广流传。宋代《崇文总目》和以其为蓝本的《宋史·艺文志》以及后世多数目录著作均有著录。《四库全书总目提要》不录《女论语》，却将《女孝经》收入"儒家存目"中，可见郑氏的比况是得到了封建政府及正统儒家学者的赞同的。

此后，将班昭比况为孔圣人的说法，在妇女教育史上产生了较为深远的影响，即便到晚清新式女子教育开创之初，仍存在一定的影响。这可以从有人提出在女学堂的尊师供奉中以班昭替代孔子的建议中得到证实。19 世纪末，中国新式女学堂开始创立。按照男子学堂的惯例，

1897 年梁启超草拟的《女学堂试办略章》（又名《上海新设中国女学堂章程》）指出“学堂之设，悉遵吾儒圣教，堂中亦供奉至圣先师神位”。而晋安女史薛绍徽对此表示异议，提出女学堂应有女学堂的特色，供奉神位应以班昭代替孔子。理由就是：

溯女教之始，实由于文王后妃，次即孟母。然有辅圣诞贤之德，实无专书以贻后学。惟汉之曹大家续成《汉书》，教授六宫，其德其学，足为千古表率；又有《女诫》、《女训》，上继《内则》，古今贤媛，无出其右。祀于堂中，以为妇女模楷，犹之书院但祀程朱，隐寓尊孔之义。

足见长期以来人们对班昭在妇女教育方面贡献的肯定，也说明了将班昭视为女教圣人的观念由来已久，至晚清新式学堂建立、男女平权的呼声渐高的情况下还存在一定的市场。但这里薛绍徽推崇班昭的目的，还是为了“隐寓尊孔之义”，并未言明班昭就是女界的圣人。

今所见文献，最早直接将班昭称为女界孔子的是 1912 年。吴芙在为女友裘毓芳的《〈女诫〉注释》所作的“序”中，言称：

从古以来，女人有名气的极多，要算曹大家第一。曹大家是女人当中的孔夫子，《女诫》是女人最要紧念的书，真正一字值千金，要一句句想想，个个字味味。依了《女诫》的说话，方才成个女人。

对班昭及其《女诫》的推崇，达到了无以复加的地步。所以现代学者谈到班昭往往直接称她为“女教圣人”或“女圣人”。如20世纪30年代的陈东原在《中国妇女生活史》之《汉代的妇女生活》一章中称班昭与刘向同为“两个女教的圣人”；另外谭正璧、曹正文、蒋熏跃等也都沿用了这一说法，或直接称其为“女圣人”，或称为“儒林女圣”。

从上面所引的言论看，古代推崇班昭为女界圣人的是纯一色的女性，似乎仅仅是女人的不自量力，妄自攀比，不足以代表真正在我国古代家庭和社会上“当家做主”的男性观点。虽然目前就所见资料看，古代尚没有男性学者有过类似的说法。但在女性“失语”的社会中，如果没有获得男性的认可和支持，几个女人的言论能否记录流传下来呢？谭正璧在他的《中国女性文学史话》中有关“女圣人”的一段评述，正好回答了这一问题，也客观公允地道出了班昭得此殊荣的不易，发人深思。故不避繁复，抄录于下：

我们看见“圣人”二个字，便会联想到我们中国古代唯一大圣人孔丘先生，好像“圣人”二字是他专有的招牌。其实也难怪，因为中国历史上所有的圣人，屈指数来恐怕用不到屈完了指放开再数。这是事实，圣人不是容易做到的。你一心要做圣人，言动都模仿得着实不差，可是没有人把这尊号上给你，你即使以圣人自称，历史家非但不承认你，并且还要笑你。至于女性之称圣人，尤不容易，男圣人既说“唯女子小人为难养也”，那么女性如果捧同性为圣人，至少要受嫌疑，必须得男性赞同才可。话虽如此，女性总是退让，她们不会自己捧自己的。你看周之圣母——大姜、大任、大姒——哪一个不是男性把她们捧出来的？而男圣人捧的效力尤大，否则她决不会名传到现代。

汉代女文学家被捧为圣人者有二人，一是班婕好，一是班昭。班昭因著有《女诫》的缘故，捧她的人尤多。

由班昭的如此众多的称谓可以看出她一生的不平凡，也可以想见一个女人想在男性一统天下的古代史籍中能占一席之地是何等的不易，我们现在唯有正确地认识这些称谓，才能弄清其名字背后隐藏的深刻文化内涵，也才能正确地评价班昭的一生以及她的作品《女诫》在中国妇女教育史上的地位和价值。

班昭有没有续过《汉书》

远在1700多年以前，我国就出现了一位女历史学家——班昭，她是我国东汉著名的史学家。

作为著名的女史学家，她是以续她父、兄的《汉书》而著称于世的。班昭的父亲班彪，是当时很有名的学者。大哥班固，是杰出的历史学家。另一位哥哥就是“投笔从戎”、立功西域的著名外交家、名将班超。班昭处在这样的家庭环境中，从小聪明好学，勤奋刻苦。在父、兄的严格教导下，她熟读了儒家经典和各种史籍，掌握了丰富的历史和天文地理等方面的知识，为她在文史方面的写作打下了扎实的基础。

班昭在史学方面究竟有哪些贡献呢？比较流行的说法是，她整理并最后撰成《汉书》。《汉书》是我国古代继《史记》之后的第二部伟大史籍。西汉司马迁写的《史记》，只记述到汉武帝太初年间为止，而此后到写《汉书》的中间100多年是西汉帝国从鼎盛到衰落的历史，有待续写。当时虽也有过一些历史著作，但作为一部完整的、系统的、全面的断代史却还没有。班彪立下宏愿，要继续司马迁的《史记》，写完西汉一代的历史。于是他广泛搜集前史遗事，参阅了大量的档案资料，写成《史记后传》，这就是《汉书》的前身。但他的愿望未及实现便死去了。班固继承了父亲的未竟事业，在《史记后传》的基础上，花了20余年的时间，著成了《汉书》的大部分，使《汉书》初具规模。可是还有一些散乱的篇章，其中《八表》和《天文志》还没有终篇，班固也不幸死去了。于是，和帝命班昭到“东观藏书阁”，继续完成《汉书》的编撰工作。班昭来到具有丰富的历史文献资料的皇家图书馆，参阅了大量的古代典籍和当代的历史记录，将《汉书》的初稿进行了仔细的整理、校对和审核，续写了《汉书》的《八表》和《天文志》，后来马续又协助班昭撰述了《天文志》。

然而，有人对班昭的史学成就提出了异议，他们认为班昭、马续既没有续补《汉书·八表》，也没有续补《汉书·天文志》，持有这种观点的人说，《汉书·天文志》基本上是沿用了《史记·天官书》的内容，除此以外，只不过增补了武帝以后的天象变化而已，工程并不大，班固“潜精积思二十余年”之功，根本不必由其他人来续写。马续述《天文志》未见于《后汉书》本传。因此，班昭、马续补作《天文志》一说很难成立。

所谓《汉书·八表》，其中《古今人表》与《百官公卿表》两表前人已指明为班固原著。沈约在《宋书·百官志》中引用《表》文也定为班固所作。据《后汉书·班固传》曰：“固自永平中始受诏，潜精积思二十余年，至建初中乃成。”这里范晔所谓“乃成”，当指全部《汉书》写成而言。此外，班固在《叙传》里对《汉书》写成后，概括全书内容的总结中，曾自述为春秋考纪、表、志、传凡百篇。东汉荀悦也指明班固著帝纪、表、志、传为《汉书》，凡百篇。由此可见，百篇《汉书》是一部完整的作品。

《汉书》通篇连贯，就《八表》及《天文志》序文与《汉书》的序赞相比来看，文体、语法均出于一人之笔。对于马续的著作，今无从详考，但就班昭的《女诫》而论，与其兄班固的文赡事详、“兼丽卿云”之笔相比，也颇有区别，据此而言，补作《八表》《天文志》之说亦难成立。历代注家对《汉书·八表》《天文志》为班固原著，皆无异说，也可为证。再从时间上推算，班固是在《汉书》写成后十年死于狱中的，即使部分表、志未及完成，此后10年之间，班固自可以从容补作，又何待后人为之续成呢？

虽然人们对班昭是否续过《汉书》有争论，但对于班昭为《汉书》

的撰写曾出过力，则看法比较一致。在整理《汉书》中，班昭在修改润色方面下了苦功，使此巨著更加完美。《汉书》完稿后，人们多不能全部理解，班昭便成了唯一通晓《汉书》的权威。当时的封建贵人都拜班昭做老师，伏于阁下，听她讲解。人们尊敬地称呼她为“大家”，意思就是有学识、品性好的妇女。不管她是否续写《汉书》，但她在整理《汉书》过程中所花费的巨大劳动，使她不愧为我国历史上的著名女史家。

《女诫》创作时间之谜

关于《女诫》的作年，迄今有三种观点。

第一种观点认为《女诫》作于永初元年。持此观点的主要有刘汝霖。他在《汉晋学术编年》中指出：“《女诫》既称‘年十有四，执箕帚于曹氏，于今四十余岁载。’则作《女诫》之时，必在昭五十四至六十二岁之间。而《女诫》中又云：‘恒恐子穀负辱清朝。圣恩横加，猥赐金紫。则必作于其子为官之后，本传又称：‘邓太后临朝，与闻政事。以出入之勤，特封子成关内侯。’其子为官在邓太后临朝之后，则

《女诫》之作当更在后矣。……假定《女诫》作于永初元年，昭年五十八岁，则可适人而未适人之年，与《女诫》语正合。若世叔与昭年岁相差不远，则当卒于四十岁以内，不可谓不早。如此则昭卒于永宁元年，年七十一。若昭适曹氏之年延长，则诸女之年亦当随之延长。若将作《女诫》之年延后，则昭之卒年将不及七十。故订此年谓作《女诫》之年。于情理为最近。”首先，刘汝霖的立论基础为班昭《女诫》的受众是她自己的亲生女儿，而完全忽略了其他的可能，比如庶出的女儿或者曹氏本家的女儿等等，这样的疏漏也就很大地限制了他的视角，导致最后所作的结论令人难以信服。关于班昭的子女情况，目前学术界唯一确定的结论为曹成是曹寿与班昭的亲生儿子，而女儿的状况则因文献资料的缺乏，未能形成令人信服的结论。班昭本人虽是庶出，她也能在自己的幼年时期“赖母师之典训”，即接受了傅母和女师所传授的家庭教育。那么对于曹氏的女儿，无论是己出或是庶出，班昭也会同样把根据自己一生嫁作曹氏妇，在曹家安身处事的经验，传授给即将出嫁的她们的。

其次，刘汝霖所依据的资料几乎完全是班昭《女诫》的序言，却没有参考关于班昭的其他相关历史资料。资料的缺乏，难免结论的偏颇。也致使他推论时完全在《女诫》的序言中做假设，绕圈子。

第二种观点认为《女诫》作于永初四年。持此观点的主要有陆侃如先生。他在《中古文学系年》中指出《女诫》当创作于永初四年。至于陆先生依何得出此结论，他并未提供依据，也未作出解释。此外，刘跃进《秦汉文学编年史》、石观海《中国文学编年史·汉魏卷》也都持此观点。

第三种观点认为《女诫》作于永初五年前后。代表者有朱维铮先生。他在《班昭考》一文中指出《女诫》作于安帝永初五年前后。他的立论依据是："班昭十四岁嫁至曹家于今四十余年"，则这篇写给曹寿'诸女'（非必班昭本人所生）诵习的文章，必作于五十六岁至六十三岁之间。昭传谓'马融善之，令妻女习焉'，而马融于去岁初入东观，成为班昭的亲授弟子。得有机会首先读到此文，故《女诫》之作，当在班昭六十二、六十三岁之际。"首先，朱维铮先生指出"诸女"不必是班昭所亲生，立论基础的周全使其结论易于为人信服。其次，朱先生提出《女诫》的写作是一个逐渐完成，而非一挥而就的过程，这本身即有一定的道理。再次，朱维铮和陆侃如的观点看似有一年时间的出入，其实从结论的措辞上看，朱维铮先生更倾向于永初五年，不过他把班昭写作《女诫》的时间范围放大一点似乎更为稳妥和接近事实。

范晔的《后汉书·列女传·曹世叔妻》一文，根据班昭的生平。按照时间发展的顺序来记叙班昭的一生："永初中，太后兄大将军邓骘以母忧，上书乞身，太后不欲许，以问昭。昭因上疏曰：'伏惟皇太后陛下，躬盛德之美，……'太后从而许之。于是骘等各还里第焉。……作《女诫》七篇，有助内训。……马融善之，令妻女习焉。"我国的史书都是按照"系日月而为次，列时岁以相续"的顺序进行编排的。它以人物为纲，以时间为纬，按照年、月、日的发展而有次序地记载史事。在《后汉书》中，范晔把班昭写作《女诫》一事放在因新野君的去世，班昭为邓骘等人上疏邓太后让其回去丁忧一事的后面，和马融进入东观之前。由此，我们可以断定《女诫》的写作时间居于这两者之间。虽然班昭写作《女诫》的时间段已经明确，但具体时间尚不得而知。

根据《后汉书·孝安帝纪》的记载："冬十月甲戌，新野君阴氏薨，使司空持节护丧事。大将军邓骘罢。"根据干支纪日法，甲戌日为一个月的第十一日，由此可知新野君的去世时间为永初四年冬天十月十一日，那么班昭《女诫》的创作时间也应当在此月或者之后。另据笔者考证，班昭生于建武二十五年，因此笔者可以断定此作必定写于班昭六十一岁之后。

从《后汉书·列女传》中寻找到班昭创作《女诫》的另一条线索。班昭在序言中提到自己"年十有四，执箕帚于曹氏，于今四十余岁载。""四十余"的时间段为四十一至四十九，因此又可以依此推出班昭写作此文时的年龄段当在六十一至六十三岁之间，即永初四年至永初六年之间。

《女诫》写成之后，"马融善之，令妻女习焉。而马融四年，拜为校书郎中，诣东观典校秘书"。即在永初四年，他应邓骘之召进入东观，这也与班昭创作《女诫》始于永初四年相印证。

《女诫》共有七篇组成。由于它寄托着班昭对家中即将出嫁女儿们的厚望，每一个字都凝聚着她的良苦用心，它一定是需要时间打磨的，而不可能一蹴而就。因此班昭六十三岁时，即永初六年完成《女诫》的可能性较强。可见班昭《女诫》的创作时间，始于永初四年十月，完成于永初六年相对合理一些。

班昭家族垮台之谜

东汉的班超是平定西域一代名将，其所在的班氏家族在东汉王朝可谓是名门望族，人才辈出。此等家族其实并非天生出名的，也是经过几代人的努力而得以名扬天下。

班超的父亲就是班彪，哥哥是班固，所著的《汉书》名传后世，妹妹就是班昭，可以说班氏一门在当时都是称雄一时的英才。

说到他们的先人，上行到西汉时期，也出过一个皇妃就是著名的班婕妤，婕妤是后妃称号，至于何名，无从得知。后来班小姐进入皇宫成为汉成帝的妃子，她是一位很有才华且很有德行的妃子。据说有一次汉成帝希望和她一起乘坐宫车出游，她竟然声称只有夏、商、周三代的末代帝王夏桀、商纣、周幽王，才会让自己的妃子坐在身边去炫耀，这些人都是亡国之君呀！汉成帝听到这样的话，真的感到很惊奇，对班婕妤不由敬重不已。

事实上她也算得上出身名门了。她的父亲就是西汉越骑校尉班况，曾在汉武帝时期和匈奴作战，取得一定的功劳。班况有三个儿子和一个女儿，女儿就是班婕妤。

班况的大儿子班伯，当时也是很有名气，是一位学术精深的学者，官场上很有运气，后官封定襄太守。二儿子班施，官拜谏议大夫，因为才华出众，在当时深得朝廷重用。小儿子叫作班稚，汉哀帝即位后，班稚被任命为西河属国都尉，再后来就任有一定实权的广平相。

西汉末年王莽势力渐渐抬头，很多官员都向王莽表示忠心，但是班稚为人很有性格，不愿意为其歌功颂德，于是御史大夫甄丰鼓动部下揭发班稚，说其对朝政不满。班稚出于自保考虑，上书谢罪。朝廷将其撤职之后，降为延陵园郎，高官没有保住，饭碗却保住了。于是班氏家族在西汉末期直到东汉初不再显名于世，家庭地位处于中国官僚阶层的下等层次。虽然家族里做官的也多，但是要说影响王朝和历史的命运还是差很多的。

班稚有一个儿子，就是我们后世乐于称道的史学家班彪了。自班彪始，班氏家族的光芒开始强烈释放了。

班彪所经历的时代是从西汉步入了东汉的过程。他的三个子女的出生可谓给东汉王朝增添了灿烂的光辉，也承载着班氏家族的兴亡与荣辱。

长子班固继承了父亲学史的志向，一直努力想写一部史书，特别是希望将司马迁未著完的西汉史事承接完成，于是全面记录西汉史料的划时代巨著《汉书》得以问世，成为中国二十四史之一，也令班固之史家地位直追司马迁，成为史学大家。

年纪轻轻的班超也没有给父兄丢脸，虽然开始在朝廷任职不是太顺手，工资又不高。但是后来从军，却在西域打出了一片新天地，震古铄今。出塞三十一年，平定西域大小五十余国，官封西域都护，赐封定远候，称得上一代名将，对中国的版图划定还有历史传承影响深远。

小妹班昭十四岁时嫁给同郡的曹世叔为妻，后世又称之为曹大家，她常出入宫中担任后宫嫔妃的老师，与皇帝的关系堪称密切，著有《女诫》七篇，确是一位名动洛阳城的大才女。

这样的家族经过上百年的努力，由贫穷到富贵，由无名到显世，终致在汉和帝时期成为东汉王朝著名家族。

成名之路是如此艰难涉险，当地位确立，其后代也多为官员。当此时，家族的影响力也在不断下降。

我们说有一种胜利叫作失去，有一种失败叫作拥有，因此辉煌之后必然是无尽的黯淡。只是没有想到撼动班家败落这块巨石的第一个人竟然是创造班氏家族辉煌的骨干成员，班超的大哥班固。

班固因为和当时的权臣窦宪关系很好，一直在其手下做事，窦宪因为和匈奴作战，战功极大，再加上其又是窦太后的娘家人，所以权倾朝野，终于导致汉和帝对其痛下杀手，将其诛杀。而班固受到牵连，其实当时的汉和帝也是个明白人，考虑到班超正在西域为国家卖命，还有班固之才名动全国，也不想逼死他。可是没有想到班大人平时人缘不好，官做大了，有靠山了，对家人的要求有点宽松了，就是因为他平时对家中子弟管教不严格，得罪过许多人。洛阳令种兢趁机对其报复，于是班固不幸死于狱中。之后汉和帝将下手的官吏处死，作为补偿但为时已晚。

班固之死对班氏家族是个重创，也让班超和班昭伤心了好长时间。

班超在西域建立大功，于公元 102 年回到首都洛阳，当年就去世了。

他有三个儿子，大儿子叫班雄，继承了他的侯位。二儿子历史上没有详细的记载。还有一个小儿子，是他在西域和一个异族女子所生，就是颇有胆识的班勇。

班勇后来继承其父之志，受朝廷派遣，经营西域，没有想到英雄末路，竟招人陷害。

公元 127 年，是汉顺帝统治的时期。

班勇与敦煌太守张朗计划攻打焉耆国，本来约定好了期限，哪想张朗要独揽大功，先期赶到焉耆，焉耆先向他投降，而班勇竟然因为后到犯了军令，于是他和当年飞将军李广因迷路而获罪的命运一样了，只是没有自杀。朝廷看其家族面子，加上其有一定的功劳，只是将他罢免官职，此后班勇在家一直郁郁寡欢，一直到死都没有缓过来。

这对班氏家族真是又一次沉重的打击。

如果说班固和班勇的命运只能算是在仕途当中遇到陷害，不小心栽了跟头，那么袭受定远侯封号的班超长子班雄一家真是多灾多难了。

班雄死后，他的长子班始又继承了定远侯的位子。因为班家在东汉很有地位，太出名了，很多人都愿意与其交往，特别是不少达官贵人都想与他们家结亲。

班始是标准的正牌世袭，是班超的嫡孙。上门与他做媒的可想而知。当然最后还是皇家占了上风，他娶了当时清河孝王的女儿阴城公主，清河孝王刘庆是东汉第三位皇帝章帝的太子，后因为母亲的原因而被废，成为亲王。而清河孝王的儿子刘祜最终被立为皇帝，就是汉安帝，因此班家和当时的皇帝是亲戚，算是安帝的妹夫了。

后来安帝之子汉顺帝即位，阴城公主自然是皇帝的姑姑，班始就是其姑父了。

诚然班家的社会地位很高，但这时离班超去世已近三十年了，因此阴城公主总是依靠着皇家的势力胡作非为，很不将夫家放在眼里，还四处找情人。有一次和情人约会，竟然要老公伏在床底下，听他们是如何调情的，这分明是给班家难看。

班始毕竟是名将之后，怎能忍受这样的羞耻，于是在公元130年，拿了把刀将老婆一下子给杀了，这引来滔天大罪，昏庸的顺帝不管三七二十一，将班始腰斩，同时为了发泄皇家的威严，还将班始的兄弟姐妹全部杀死，摆在街上示众。

从这时起，班超家族开始走向衰落了，影响东汉王朝的班氏家庭不再成为朝廷的重要棋子，究其缘由，还是名利和富贵作怪。人往高处走，水往低处流。有得必有失，做什么都要付出代价。盛名之下，往往隐藏着不可言说的悲剧。虽说前人栽树，后人乘凉。但在大树下乘凉享受惯了，不见得是好事，会消磨人的意志。

记得清代末期，出过光绪、宣统两位皇帝的醇亲王王府正堂的对联是这样写的：“家大业大财也大，子孙后代祸也大。”纵观班超家族的兴衰史，正是此理。

班昭毁誉参半的人生谜团

说到朱熹，广大妇女同胞很自然地就能联想到那句臭名昭著的“女子饿死事小，失节事大”，并因此无不对这个古板的封建卫道士恨之入骨。实际这句话并不是朱熹的原创，而是北宋大儒程颐说的，只不过被朱熹发扬光大了，压迫妇女的这笔账就记在了朱熹的头上。

这些封建卫道士们为了迎合帝王们的统治需要，变着法子给广大妇女们套上封建礼教的枷锁，让妇女世世代代成为男人的奴隶。老古董们作为男人，自然希望女人们接受男人们的统治，从人性角度讲这也很正常。

不过让人惊讶的是，在这群面目可憎的封建卫道士之中，居然有一个女人的身影，而且还是个超级才女。这个女人和许多男人一样，发明了千奇百怪的封建伦理纲常，诱骗女人走进思想的囚笼，然后一把大锁咔嚓一锁，让女人们永远不能冲出这个囚笼。

这个女人可不是一个简单的人物，她的人生绝对可称得上传奇二字，她头顶的光环非常耀眼：史学家、文学家、皇家文学教授。她以非后妃的身份在皇宫内纵横数十年，屹立不倒，地位非常崇高。

这个神秘的女人是谁?谜底揭晓了，她就是东汉历史上最具传奇性的女人——班昭。

和李清照出生名门一样，班昭的家世也是异常的显赫，而且在历史上的影响更大一些。班昭的父亲班彪，东汉大史学家，他曾经续写过《史记》后传，可惜已经失传。大哥班固，东汉大史学家，史学名著《汉书》的撰写者，仅此一书，班固就可以名垂青史。二哥班超，东汉第一流名将，以三十六人孤身闯西域，开创了东汉历史上的最为辉煌传奇的时代。

班昭出生于史学世家，从小就接受了严格正规的史学训练，加上她天分极高，可以说是“读书破万卷，下笔如有神”。汉和帝永元四年，班固去世，他撰写的《汉书》还有八表和天文志没有写完。

这部《汉书》是东汉王朝重要的史学工程，岂能半途而废。不过当时能有资格续写汉书的人并不多，而汉和帝刘肇想都没想，立刻钦点了班固的妹妹班昭续写《汉书》。刘肇相信班昭，班固会玩的，班昭同样玩得转。班昭奉诏住在东观藏书阁，为伟大的史学名著《汉书》画下了一个漂亮的句号。

和班昭在史学界辉煌的成就相比，她的感情生活却非常的平静，甚至是暗淡。她虽然早在十四岁的少女时代，就嫁给曹世叔，可惜曹世叔命太短，没几年就病故了，撇下了班昭，以及他们的爱情结晶曹成。

像班昭这样级别的女人，只要她愿意改嫁，肯定会有成群结队的媒婆将她家的门槛踏平。班昭是上流社会的名媛，能有资格追求她的，不是王公贵族，就是名门清流。

不过班昭并没有这么做，而是选择了为曹家守寡，也许她认为事业应该比爱情更重要。

汉和帝刘肇通过和班昭一段时间的接触，对班昭惊人的才华大为赞叹，看到班昭，就仿佛看到了班固。

班昭和刘肇的交情很好，刘肇很给班昭面子，在永元十二年的时候，主政西域的定远侯班超上书朝廷，请求皇帝恩准他还回故里。不过刘肇没同意，班超是朝廷在西域的一面大旗，刘肇哪里舍得放班超回来。

还是班昭心疼哥哥，都一把老骨头了，难道让哥哥身死西域，做个孤魂野鬼?班昭上书刘肇，请皇帝陛下赏臣妾一个面子，放她哥哥回来。这封奏疏写得极漂亮，刘肇一看班昭都出面了，不好意思让班昭难堪，就下诏调班超回京，不久班超就病故于洛阳，了却人生一大心愿。

《汉书》编撰完成后，班昭也没有其他事做了。刘肇不忍心看着班昭成日无所事事，决定给班昭安排一个新的工作岗位，就是请班昭进宫，做皇后嫔妃们的老师。这份工作也只能由班昭来做，虽然当时天下大儒不少，但按规矩男人是不能进后宫的，除非去做太监。班昭是个女人，自然不用避这个嫌，可以大大方方地进出宫闱。

刘肇的后妃们虽然个个都出自名门，比如皇后阴氏是光武帝皇后阴丽华的族人，贵妃邓绥是开国名相邓禹的孙女，她们都是从小就接受正规教育的，不过刘肇觉得还是有必要提高她们的文化素质，不要求能达到班昭的高度，至少也要会写几首漂亮的诗文。

班昭觉得进宫玩玩也不错，总比窝在家里看书有意思多了，于是挑了几本适合女人读的书，大摇大摆就进了宫。班昭进宫时四十多岁，从年龄上说是这些后妃们的长辈，所以这些贵族女学生就尊称班昭为“曹大家”。班昭一直在为丈夫曹世叔守寡，从名分上来说她还是曹家的媳妇。

说是给后妃们上课做老师，其实就是进宫和后妃们交朋友聊天的，在闲聊中给后妃们灌输一些女德女贤之类的道德理念，这也是刘肇的意思。不过有个问题却难住了班昭，她进宫穿什么衣服好呢?

班昭不属于皇宫编制，自然在穿着上可以随意，在这点上刘肇没有硬性要求。班昭却有些犯难，穿着活泼些吧，自己都这么一大把岁数了，整得花枝招展，跟个老妖精似的，不怕被人笑话?而且这样也容易引发坊间的猜测，以为她和刘肇之间会有什么桃色艳闻呢。要是穿着严肃吧，这又不是班昭的风格，虽然班昭的思想很保守，但在对生活的态度上，她还是个很开放的女人。她更喜欢穿着时尚的衣服，她甚至还自己设计过一套样式非常开放的服装。

不过聪明的“曹大家”很快就想到了一个好办法，两种不同气质风格的衣服换着穿。今天班昭进宫穿着淡雅朴素，加上气质雍容，抱着本竹简轻车入宫，远远望去，仿佛神仙中人；过几天，班昭又浓妆艳抹，穿上引领时尚潮流的最新款式，妖娆妩媚。

班昭要才有才，要貌有貌，气质高贵，很快就征服了宫里那些贵妇人，她们对班昭崇拜得五体投地。班昭就是宫里的时尚风向标，班昭穿什么，后妃们就跟着穿什么。

刘肇经常能看到这样的情景：逢单日，一帮穿着朴素的女人跟在一身素装的班昭后面，进了课堂上课；逢双日，还是这帮女人，个个妖冶风骚，而且还是由同样风骚的班昭带头。刘肇都看傻了，班昭在搞什么？

在这些女人之中，班昭和贵人邓绥的交情最好，后来邓绥在残酷的宫廷斗争中扳倒了阴皇后取而代之，很难说班昭没在其中推波助澜。在刘肇二十七岁驾崩后，公元 106 年，邓绥以皇太后的身份临朝听政，依然同班昭保持着密切的关系。

邓绥经常召班昭进宫。邓绥如果遇到什么难题，就请班昭为她分忧献策，班昭由此深得邓绥的赏识器重。邓绥知道应该为班昭做些什么，报答她这几年给自己的莫大帮助。

班昭是个女人，邓绥不可能封班昭官职，要是给钱，班昭也不见得稀罕。邓绥想到了班昭还有个儿子曹成，与其把恩赏给班昭，不如给曹成，班昭一定会非常开心的。邓绥就封曹成做了关内侯，最后做到了齐国国相。

其实以班昭的真才实学，邓绥怎么赏她都不过分，她的才名声震朝野。如果不是班昭写下“臭名昭著”的《女诫》，她的人生会相当完美，可惜因为这部极力鼓吹女人应该对男人俯首帖耳做奴隶的《女诫》让班昭毁誉参半。

这部《女诫》共分为七章，在正文的前面，班昭还写了几百字的序。在序言中，班昭说得很明白，她写这部《女诫》的目的就是要女人们遵守男人们给她们制定的规矩，乖乖地趴在男人脚下。

《女诫》七章分别是：卑弱第一、夫妇第二、敬慎第三、妇行第四、专心第五、曲从第六、叔妹第七。其中在《夫妇》篇、《妇行》篇、《专心》篇中，班昭“男尊女卑”的思想表现得最为透彻。

《夫妇》篇中最要害的一句是“夫不御妇，则威仪废缺；妇不事夫，则义理堕阙”。意思是说男人不征服女人，那男人就没有面子；而女人要不接受男人的征服，那就是大逆不道。《妇行》篇要求女人不要逞强好胜，“妇德，不必才明绝异也。”这句话就是“女子无才便是德”的出处。

《专心》篇那句“夫有再娶之义，妇无二适之文”。意思是说男人如果死了老婆，可以光明正大地续弦；而女人要是死了丈夫，就必须终生守寡，不然就是“行违神”，一定会遭到上天的惩罚。北宋程颐那句“女子饿死事小，失节事大”就是从班昭这里引申而来的。

班昭是个有大定力的女人，她要求别人做的，她自己首先就会做到，所以丈夫死后，她终生不再嫁。

《女诫》在古代是女子教育的楷模；在近代，《女诫》是男尊女卑祸首，被视为班昭的罪责。因此，世人对班昭的评价一直是毁誉参半。

第六章

文采华章，班家女的文学才华

不能否认，班昭和她的女性长辈班婕妤，是中国古代不可多得的文才杰出的女子。她们在传统男权社会不仅活出了自我，还留下了优美的文采华章，令后人赞叹不已。

情深至淡：班婕妤的文学思想艺术

西汉才女班婕妤，被公认为是中国文学史上一个极为重要的人物。首先，她大概是中国文学史上第一个有文集传世的女性；其次，她的《怨诗》曾被钟嵘《诗品》列入上品，与曹植、王粲、阮籍、谢灵运等人的诗歌比肩，足见其在五言诗歌创作上取得的杰出成就；第三，即使被钟嵘誉为“百年一人”的《怨诗》并非出自其手，其见诸《汉书·外戚传》的《自悼赋》也堪称闺怨题材的真正滥觞。然而让人遗憾的是，论者似乎大都把视线主要集中在对其生平事迹考证、思想性质归属、作品真伪考辨、内容艺术分析上，而少有探讨其文学思想的。其实作为曾经名动一时的西汉才女，又身处汉代“第二个文论高潮”时期，加之中国古代妇女本来有从事文学批评的传统：对于文学，班婕妤很难没有自己的看法。我们认为，根据班婕妤的文学批评专文《报诸侄书》和她的文学创作《自悼赋》《捣素赋》《怨诗》，可以把班婕妤的文学思想概括为“情深至淡”。其中，《报诸侄书》明确反映了班婕妤的文论主张，“两赋一诗”则在实践中贯彻了这一文论思想。

《报诸侄书》是班婕妤研究中一篇长期遭到“遗忘”的文献，早见于《太平御览》卷一百四十四《皇亲部》所引《妇人集》，全文如下：

记言属见元帝所赐赵婕妤书以相比。元帝被病无惊，但锻炼后宫贵人书也，类多华辞。至如成帝，则推诚写实，若家人夫妇相与书矣。何可比也？故略陈其长短，令汝曹自评之。

这封信是对诸侄比较元、成二帝书信风格的回答，其写作背景为：元帝曾赐书赵婕妤，成帝又曾赐书班婕妤。其时婕妤位“视上卿，比列侯”，皇帝写给婕妤的书信可能也就并非仅仅只是情书，同时还兼具了公文的性质。推敲其口吻可知此信当为一残篇，上引只是信的开头部分，后文应当分别指出元、成二帝书信的优劣并有所评论。由于文字的散佚，我们已经无法看到书信的本来面目，但即使是这短短不足一百字的残篇，也明确显示了班婕妤的审美倾向：相较于元帝书信的辞才华茂，她显然更推重成帝书信那种平实若“家人夫妇相与书”的写作风格。如果撇开这种情感上的偏爱或是“伴君侧”下的权宜，而用一种比较客观的眼光来看，那么，在西汉大赋盛行的时代中，班婕妤的文学主张可谓别具一格，具有革命性的意义。正是在这封家信中，班婕妤总结了“推诚写实”的观点，并把它发展成为对后世影响深远的“情深至淡”的文学思想，而且在自己的创作实践中有效地贯彻之。

《报诸侄书》中，班婕妤把两种写作风格——元帝的“类多华辞”与成帝的“推诚写实”——作了对举，并且明确表示赞许后者。讲究

“华辞”属于形式层面，它跟真实地表达内心其实没有实质上的冲突，并不是说文章写得漂亮了，所表达的感情就虚假不真实了。这样看来，班婕妤的文学主张大不合情理?

然而并非如此！班婕妤说这番话是基于两方面的理由。

其一，“推诚写实”在《报诸侄书》中有其特定含义，不仅仅指内容层面，更多指形式层面，它代表了一种“清新质朴”的文风。“推诚写实”并非成帝的原话，甚至说不上是成帝的观点，而只是班婕妤的总结，其典出成帝《赐赵婕妤书》：

问飞燕赵婕妤。夫人（原作“上”，径改）有诚，必应以实；愤懑充中，必形于色。诗云：“鼓钟于宫，声闻于天。”犹此言之，真伪之效，难以欺矣。夫君子贵素，文足通殷勤而已，亦何必华辞哉？……（《太平御览》卷一百四十四引《妇人集》）

在成帝那里，“‘诚’‘实’相符”指的是内心情感与外在言辞的相协一致，本来用于指责赵飞燕“颜色不平，应对舒迟”而要求其修身改过，并没有什么特殊的含义；但到了班婕妤这位名动西汉的才女手中，基于对自身创作实践的体会，就把它和后文的“亦何必华辞哉”直接联系起来而提炼成了“推诚写实”。

其二，代表清新质朴文风的“推诚写实”是以“若家人夫妇相与书”为旨归的。在班婕妤看来，成帝的质朴文风之所以可贵，关键在于这种平淡文字所表达出来的是一种“若家人夫妇相与书”的浓厚深情。

我们知道，一方面，家人之间的情感恐怕是世间众多情感中最纯粹、最真切、最亲密、最深挚的情感。另一方面，家人之间的交流又往往无须像跟外人沟通那样含蓄委婉，而是有什么说什么，常常一句看似不经意的话却蕴含了无限深情，仔细念来，让人回味无穷。《成帝纪》《元后传》都记载了他因“幸酒、乐燕乐”而被元帝“不以为能”以至“常有意欲废太子”的事件；《杜周传》也称“自上为太子时，以好色闻”；不仅如此，还在即位之初成帝就大肆选美，完全不顾父亲尸骨未寒，可以说是非常好色的。不过成帝的好色对女性而言似乎并非一件坏事。大概对女性怀着一种较为真诚的爱，成帝虽不专情，跟后宫女性之间的关系却普遍较好，曾在宫中大肆秉烛夜游，用今天的话来说即颇有情调。而跟那些宠爱的女性之间则简直算得上“情深”，尽管不是宠爱终生，却有那么一丝家人意味，譬如：登帝位之前，许皇后曾因“聪慧，善史书”而“自为妃至即位，常宠于上，后宫希得进见”导致“皇太后及帝诸舅忧上无继嗣”，可见二人感情之深厚；践祚后“建始，河平之际，许班之贵，倾动前朝……女宠至极，不可尚矣”；赵氏姊妹入宫后，成帝不但立出身微贱的赵飞燕为后，还迷恋赵合德甚至到为讨好她而杀死亲生儿子的地步，这在深受“不孝有三，无后为大”观念影响的封建王朝，在极度渴望子嗣的帝王生活中简直就是不可思议的。元帝则不然，虽然曾因爱幸的司马良娣病死而“悲恚发病，忽忽不乐”久之，后来又专宠过傅昭仪，看起来也是个多情种子，但对其他女性就极为冷漠：先是诸娣妾“莫得进见”；后是王皇后“一幸而有身”，“自有子后，希复进见”；至于众所周知的王昭君事件，元帝所懊悔的也只是未能占有最美的女人，而并非出于自身情感的需求。元帝“被病无惊”，无所事事，“但锻炼后宫贵人书也”，其信虽辞藻华茂，却并无多少真情实意，实为游戏之笔；成帝之书则语言质朴而又情真意切，两相比较，高下立现。

班婕妤对文学的要求涉及到了内容和形式两个方面，文章内容要求情深，表述方式要求浅淡，用四个字加以概括则是“情深至淡”。

班婕妤传世的作品有大家熟知的《自悼赋》《捣素赋》以及享有极高声誉的《怨诗》，篇目虽然不多，却都影响深远，在中国文学史上据有一席之地。赋作形式工整、格调优美、感情真挚。《自悼赋》运用了骚体赋富于抒情色彩的长句来叙述内心深切的哀怨情绪，尤特别善于运用情景交融的、如泣如诉的笔致来抒发这种哀怨之情，文字则较为朴实平易。完全符合班婕妤自己的文论主张，堪称一篇“情深至淡”的典范之作。

《捣素赋》写捣素女的凄远思念之情，在语言表现上颇具创造力：既擅写清光流辉的月色，又擅写顾盼生姿的丽人，而尤擅于刻绘捣素之声，使用了诸如徘徊的翔鸿、飒沓的落英、失群的寡鸾、晚归的离鹤等一系列的比拟形容，渲染出捣素声的沈远和清美。通篇采用整齐工丽的骈偶句式，长短句式错杂间行，注重色彩的协调和韵节的变换，同时融入简明而又贴切的用典，显得风格清美而富有才华，又因工于体物言情而显得凄婉动人，具有强烈的情感效果。清人王士禄《宫闺氏籍艺文考略》引《神释堂脞语》评价其作品为：“班姬二赋，《自悼》则小雅之苗裔，《捣素》乃鲍谢之滥觞。二班奕奕，流耀东京，大家如白发青裙，婕好殆藐姑冰雪矣！”所谓“藐姑冰雪”，正是一种清淡出尘的感觉，犹如新寡缟素或幽尼淄衣，一眼望去，惊为天人。陆昶也称赞她：“声口怨慕而不怒，止在抑扬之间。晋左贵嫔称其恭让谦虚，可谓知己。”无论是“止在抑扬之间”，还是“恭让谦虚”，都一语道破了班婕好作品中那种看似平淡却情深委婉的风格，难怪钟嵘会对其《怨诗》作出“词旨清捷，怨深文绮，得匹妇之致”的评价，而这种“款款深情，淡淡道来”的超然口吻又使她无愧于“藐姑冰雪”之赞！

我们可以明显看出“类多华辞”和“推诚写实”的区别：

赞曰：臣外祖兄弟为元帝侍中，语臣曰：元帝多材艺，善史书。鼓琴瑟，吹洞箫，自度曲，被歌声，分制节度，穷极幼眇。（《汉书》卷九《元帝纪》）

赞曰：臣之姑充后宫为婕好，父子昆弟侍帷幄，数为臣言：成帝善修容仪，升车正立，不内顾，不疾言，不亲指，临朝渊嘿，尊严若神，可谓穆穆天子之容者矣！博览古今，容受直辞。公卿称职，奏议可述。（《汉书》卷十《成帝纪》）

显然，日常生活中，元帝分明是一个翩翩才子，其在艺术修养方面的成就远远胜过为人拙朴且本来不善言辞的成帝。我们知道，在中国古代文学理论中，作家情性（如气质禀赋、人格个性、志趣才情）往往被视为形成文章风格的最为重要甚至唯一的来源。上述两篇赞辞对元成二帝自身情性的记载，正好印证了班婕好关于其文章风格—“类多华辞”、一“推诚写实”的评价。当然，这也有可能是时人的共识，所谓“臣外祖兄弟为元帝侍中，语臣曰”“臣之姑充后宫为婕妤，父子昆弟侍帷幄，数为臣言”都表明这是班婕妤一族的共识，而非婕妤专利。但这岂非正好说明婕妤之评甚确？否则以她一介后宫女流身份，对两朝皇帝书信大加评论甚至明明指斥元帝书信“何可比也”，还能在宋初被收入广大士子求学必读的类书之中，除了汉代妇女地位较高、后世不废其论这个原因之外，其评论公允恐怕是一个更为重要的因素。

以上是从班婕妤之论对史书撰写的影响来看的，如果从文学批评史来看，“推诚写实”的意义恐怕更在于对王充文学思想的间接影响。别的思想不论，单就其强调文学作品的真实性、反对艺术夸张这一点来看，就与西汉崇尚“华丽辞藻”和“宏大叙事”的时代风尚格格不入。以往论者往往把王充这种“理性”的或者“疾虚妄”、“务实诚”、提倡“真美”的现实主义文学观归之于他本人的“清醒和机械”及其“耿直刚毅的性格”，而忽略了其学术渊源。个人性格固然是形成王充思想的内在因素，但外界影响和学术渊源也是不可忽视的。而班婕妤诸侄过从甚密，班彪“幼与从兄嗣共游学”（《汉书》卷一百《叙传》），极有可能从班嗣处了解婕妤的文学主张并受其影响，故班彪不著文论则已，若著则必有跟“推诚写实”相类似的言论。事实上，从他对司马迁“善述序事理，辩而不华，质而不野，文质相称，盖良史之才也”（《汉书》卷二十三《史记论》）的称赞中，我们已经看到了几分端倪。

看来王充好真实、反夸张并非仅仅是个人的独创，极有可能就是班婕妤“推诚写实”的文学主张通过班彪传给他的。再从外界影响来看，虽然王充喜欢听不同于流俗的言论，但这并不意味着王充本人的言论就可以是绝对的自由，因为对流俗的反叛往往是对“原点”的直接继承或者再度思考。一方面班婕妤“推诚写实”所从出的“夫人有诚，必应以实”（《太平御览》卷一百四十四引《妇人集》）实际上来自成帝《赐赵婕妤书》，而成帝本来不被视作雅擅文学的名士，其论也就算不上流俗的观点；另一方面，致使成帝做出此论的“君子贵素”也本来就是一种“原点”思考，它对少而好学的王充自然也有着很大诱惑。综上看来，如果不在中国文学批评史上添上班婕妤“推诚写实”这一环，王充的“异峰突起”就会成为一个难解之谜。

再从班婕妤文论中反映出来的“情深至淡”来看，班固的《咏史诗》被后人讥为“质木无文”很有可能就是受了班婕妤文学思想中“至淡”的影响而又未曾领会其精髓。至于后世陶渊明之类，则当属其流裔了。后世论文往往推崇陶渊明的“平淡”，以为这才是文的极致；却不知早在西汉，班婕妤已经清楚地认识到了“平淡”的可贵。虽然班婕妤的“平淡”其实是从情感的角度着眼的，跟后世的为文“平淡”有所不同，但能够清醒地认识到“类多华辞”跟以“若家人夫妇相与书”为旨归的“推诚写实”之间的“何可比也”，无疑也表明了班婕妤诗学思想的境界。仅有“平淡”当然是不足以为文的，前述班固的《咏史》就是明证，“平淡”的基础乃在于“情深”，这就关乎文学抒情本质的问题了。虽然关于诗歌的本质和功能，从《诗大序》开始就有了调和情、志的倾向，至班婕妤时代，强调文学情感特征的论调更是不绝如缕，以至形成一种“时代的复调”。

经世致用：班昭文学中的儒家思想

汉朝时期，因为得到了统治者大力支持，经学得到了真正的发展，而且，很快就趋于繁盛。在儒学独尊的年代里，班氏家族不仅熟读儒家经典，并用儒家思想规范自己的言行，属于儒学世家。据《汉书》《后汉书》记载，班婕妤不仅“诵《诗》及《窈窕》《德象》《女师》之篇”，而且“每进见上疏，依则古礼”；班伯“少受《诗》于师丹”，又曾入金华殿讲《尚书》《论语》；班嗣修习儒学；班昭的父兄均为儒学大师。在社会和家庭氛围影响下，班昭从内心深处认可了儒家思想，将之化作一种自觉的行动，她积极地思考现实，关心政治。综观班昭现存的文学作品，我们感受更多的是她对现实政治的关心，从一开始，就是秉承的经世致用的观点，其思想和儒家是一样的。

班昭“年十有四，执箕帚于曹氏”，后“世叔早卒”，她后来就没有再嫁过人，这一忠贞守节行为是对提倡名节的儒学价值观的认同，因而被赞为“有节行法度”。

作为邓太后的幕僚，班昭常常会出入宫中，因此，她对宫廷的外戚专权有很多了解，任何一个女主因权力斗争的得势或失势，她们的家族也因之而或起或落，要么权势熏天，要么抄家灭族，甚至整个国家也因此陷入混乱，日益衰败。当权的太后由于才色受宠，而逐渐走向权力的巅峰，因此班昭强调女性:“不必才明绝异，不必辩口利辞，不必颜色美丽，不必工巧夺人”，而是要求其“谦让恭敬，先人后己，有善莫名，有恶莫辞，忍辱含垢，常若畏惧”，懂得并做到敬顺之道。在《女诫》中，班昭不仅将“三从四德”系统化、理论化，并且，将“卑弱”放在了篇首，第一次非常系统地将女性的卑弱的道理讲述出来。

对于文学的政治、社会功用，《诗大序》提出:

故正得失，动天地，感鬼神，莫近于诗。先王以是经夫妇，成孝敬，厚人伦，美教化，移风俗。

所以，古代的儒士大部分都是被赋予成孝敬、厚人伦、美教化、移风俗，然后通过这些仁德来辅助君主实现仁政。如王充的《论衡》虽以“疾虚妄”为宗旨，但他在《宣汉》《恢国》《须颂》等篇章中，对“汉不如周”的说法痛加驳斥，认为汉之功德过周远矣，应大颂特颂。由此我们知道，要颂美汉朝功德，这已经成为了时代的主流。

班昭对君主的礼赞，大部分都是在她的赋体文学中，比如说《大雀赋》。和帝永元十三年，“大家同产兄西域都护定远侯班超献大雀”，此举属于朝贡。朝贡对汉朝具有重要意义。首先，西域少数民族向汉廷朝贡大雀，传达了希望归附汉朝的意愿，他们希望成为汉朝的臣民，在政治上成为隶属关系。其次，与汉朝为敌多年的西域少数民族放弃争斗，愿意服从汉朝的管理，有力地维护了汉朝的统一，这本身即是汉朝强盛的表现。因此“诏令大家作赋”，《大雀赋》属于歌颂汉德的应诏之作。此赋首先交代了大雀的产地和种属：“生昆仑之灵丘。同小名而大异，乃凤皇之匹畴。”文中用“昆仑之灵丘”代指西域，用“凤皇之匹畴”介绍大雀是凤凰的同类，作为一种祥瑞之物，为下文歌颂汉德打下铺垫。大雀作为西域的象征，不远万里来到汉朝，这本身就是它愿意归附诚意的表示，也是汉朝强大吸引力的体现。此赋进而称赞帝王的恩德广布天下，使“自东西与南北，咸思服而来同”，出现了四夷宾服的盛世景象。体现了班昭修大国之威仪而绥远怀柔的礼治思想。在汉代，维护中央政权，捍卫国家统一是符合历史发展趋势的正义事业，班昭在文学作品中对于这样的事业会有非常热情的歌颂，表现除了她维护统一，期盼国家强盛的强烈的愿望。

除了对君主的歌颂，班昭还提出了发展儒家的思想，包括“兴、观、群、怨”思想，将文学与政治结合起来并让文学对政治发挥作用，因此讽谏帝失是儒家思想在班昭文学作品中表现的又一重点。

“永初中，太后兄大将军邓骘以母忧，上书乞身，太后不欲许，以问昭。”邓骘是邓太后外戚集团中的主要人物，他的离去，可以说，对邓太后意味着失去了左膀右臂。针对这一形势，面对邓太后的询问，班昭采用了委婉的劝谏之术。在《上邓太后疏》中，她将邓太后比作善于采纳建议的明主，并称赞邓骘的主动请归是一种谦让之举，堪比历史上的伯夷和太伯。接着班昭从反方面指出，如果邓骘不能及时抽身官场，将来“有毫毛加于今日，诚恐推让之名不可再得”，以致身败名裂。在班昭正反两方面的劝谏之下，邓太后不得不采纳她的意见。

民本思想在儒家系统中是非常重要的一个部分，它的基本特征就是重民、爱民，将人民看作是最重要的。汉代的贾谊在《新书·大政上》中指出：“闻之于政也，民无不为本也。国以为本，君以为本，吏以为本。故国以民为安危，君以民为威侮，吏以民为贵贱。此之谓民无不为本也。”百姓是国家的根本，也是国家安危的根本。因此这就要求在儒家思想占统治地位的朝代里，统治者要做到施仁政于民。班昭虽然并未真正进入统治集团，但其特殊的身份却让她有足够的空间去展示自己的民本思想。如班昭在《异姓诸侯王表》中强烈痛斥秦朝的暴政：“秦既称帝……于是削去五等，堕城销刃，钳语烧书，内锄雄俊，外攘胡粤，用壹威权，为万世安。”秦朝统治者认为武器、儒家文化、外敌内患是威胁国家的根本，因此建国伊始就使用暴政，以使百姓顺从。此举完全颠倒了本末，忽略了百姓才是立国之本，因此失去了民心，致使它的迅速灭亡。

另外，班昭还希望统治者可以关心民情，最后以德教民。尤其是在和帝永元七年，班昭随子曹成赴任陈留郡长垣长一职。她把所思所感熔铸为《东征赋》。在长垣境界，“察农野之居民。睹蒲城之丘墟兮，生荆棘之榛榛。”到处的荆棘丛生，满目的荒凉，唤醒了班昭内心深处对仁政的渴望：“惕觉寤而顾问兮，想子路之威神。卫人嘉其勇义兮，讫于今而称云。蘧氏在城之东南兮，民亦尚其丘坟。唯令德为不朽兮，身既没而名存。”子路和蘧伯玉作为施行仁爱德政的代表，虽然时过境迁，但是子路当年在卫国的勇敢和义气传颂至今。贤能的蘧瑗的坟地也被蒲城的百姓尊重。因此她要求曹成在任职期间要“勉仰高而蹈景兮，尽忠恕而与人。好正直而不回兮，精诚通于明神”，勉励他要向那些圣贤人多学习，施仁义，再一次表现出了她的那种以人为本的思想。

班昭在她的《汉书·八表》中也贯穿了儒家思想。

第一，班昭的所谓的标准可以说完全是按照孔子的判断进行的。《古今人表》记载了从上古到秦朝的人物。她把所有的人物分为九等，即上上圣人，上中仁人，上下智人，中上，中中，中下，下上，下中，下下愚九类。而这样分类的依据则来自儒家代表人物孔子。如:“何事于仁，必也圣乎!”“未知，焉得仁?”“生而知之者，上也；学而知之者，次也；困而学之，又其次也；困而不学，民斯为下矣。”又曰:“中人以上，可以语上也。”以致颜师古曰:“盖班氏自述所表先圣后仁及智愚之次，皆依于孔子者也。”

第二，在上上圣人一表中，班昭一共列了伏羲、神农、黄帝、唐尧、周公、孔子等十四位人物。这些人物，除了孔子之外，其他都是儒家所推尊的古代圣君。只有孔子虽是一介儒士，但他却以儒家创始人的身份置身于上上圣人之列，和尧、舜、禹这些圣君地位相当。而孔子的弟子也几乎无一例外地排在上等。这样的排列，更加表现出了儒学先师孔子，在班昭心中不一样的地位。

同时儒学思想对班昭艺术个性的形成也有着一定的影响。

《诗经》就是班昭经常会读的儒家经典之作，她继承并发扬了《诗经》“国风”“小雅”的反映现实、抒发情怀的现实主义精神，学习其灵活多样的表达方式，收到了言简意繁、委婉含蓄的效果。班昭的文学创作，虽然文体多样，隐含的读者各异，然而，不管事议论时政，还是在教导家人，她的语言都通俗易懂。

《东征赋》中的“其贵贱贫富，不可求兮。正身履道，以俟时兮”，分别化用了《论语》中的“子曰：富而可求，虽执鞭之士，吾亦为之；如不可求，从吾所好”，《周易》中的“履道坦坦”和《荀子》的“君子博学深谋，身端行，以俟其时”。其《为兄超求代疏》中使用了“文王葬骨之恩”“子方哀老”“赵母、卫姬先请之贷”的典故。这样不仅让全文的表达更加的丰富，而且，还让整个文章更有内涵，并且让作品表现出了典雅醇厚的风格。

突破前人：班昭《东征赋》的文学艺术

班昭《东征赋》是汉代述行赋非常著名的代表作品，在继承前代述行赋的基础上，还融入了述行、写景和抒情于一体，推动了述行赋的进一步发展。

《东征赋》开头四句，写出发的时间。

唯永初之有七兮，余随子乎东征。
时孟春之吉日兮，选良辰而将行。

第五句到第八句，写举步登车，感情倒很平静，晚上住在洛阳东30里处的偃师县寓所时，思前想后，吊古伤今，不胜凄凉。

方举趾而升舆兮，夕余宿乎偃师。
遂去故而就新兮，志怆悢而怀悲。

班昭刚刚走出一天，思想感情怎么会起这么大的变化呢？一种原因是对住惯了的地方总有难以割舍的情，对新的环境尚一无所知，前途渺茫，心情能不惆怅？这就叫人之常情！另一种原因是看见偃师，就联想到古代贤君帝喾曾经在此地建都。又是殷国盘庚所迁的地方。到个新地方，子谷会不会有所作为，以不负君王的眷顾呢。

明发曙而不寐兮，心迟迟而有违。
酌樽酒以驰念兮，喟抑情而自非。
谅不登巢而椽虱兮，得不陈力而相追。
且从众而就列兮，听天命之所归。
遵通衢之大道兮，求捷径欲从谁？

这十句一气贯通，很有气魄。先说忧心忡忡，直到天亮也睡不着觉，一夜苦思苦想也没想出什么办法来，反而影响赶路。借酒浇愁，忽然悟出道理，于是觉得自己的想法不对路，完全加以否定。

新任的场所又不是像上古那样现搭巢当房屋，现发明火去改善饮食条件。那就尽最大的努力，和别人一起，按部就班地治理国家吧！重要的是走光明大道，而不要搞歪门邪道。第二天在思想激烈斗争中度过去了，下一步应考虑怎样做才算不虚此行。

乃遂往而徂逝兮，聊游目而遨魂。
历七邑而观览兮，遭巩县之多艰。
望河洛之交流兮，看成皋之旋门。
既免脱于峻验兮，历荥阳而过卷。
食原武之息足，宿阳武之桑间。

没有思想负担，感到轻松自如。于是尽情观看各地的风土民情，以便子谷为官时做到清正廉明。历七县，指的是秦襄公灭东西周时只有河南、洛阳、谷城、平阴、偃师、巩、缑氏七个县为全部领土。班昭此次行程，在巩县遇到了一些艰难险阻。但没因山高路险而停步，经过了河南的荥阳县就顺利地通过虢亭。在河南的原武县吃饭歇脚，在阳武县住宿。最令她高兴的是看到洛水流入黄河的汇合之处。浩浩荡荡，真是壮阔景观，平生初见。遥向天际的河水，泛起滚滚波涛，高山峻岭触目是屏翠跌宕。

离陈留郡越来越近了，就得为子谷找出学习的榜样。凭空设想，不切实际，且显得生硬，班昭善于因势利导，走到哪里，记到哪里，凡能联系的古圣先贤，一位也不漏掉。

涉封丘而践路兮，慕京师而窃叹。
小人性之怀土兮，自书传而有焉。
遂进道而少前兮，得平丘之北边。
入匡郭而追远兮，念夫子之厄勤
彼衰乱之无道兮，乃困畏乎圣人。
怅容与而久驻兮，忘日夕而将昏。

班昭到了封丘县，不写什么山光水色，想起来殷纣王的暴虐无道，便暗自长叹。于是忆起《论语》上孔子说的“君子怀德，小人怀土”的名言。她希望子谷能成为道德高尚的君子，而不做那安于一域，饱食终日无所用心的庸碌之徒。稍稍前进一些，到了平丘县的北边。进入匡的城边，思想飞驰到遥远的古代，为孔子被误认为鲁之阳虎，遭到匡人围攻的事，深感不平。为此，停留了好久，已经忘记到了黄昏时刻。真是忧己忘时，感慨至深啊！做地方官该体恤民情，关心老百姓的疾苦才能得到老百姓的信任和拥护。班昭想到这一点，所到之处，观察得格外细心，并就所见阐发议论。

到长垣之境界，察农野之居民。

睹蒲城之丘墟兮，生荆棘之榛榛。

惕觉悟而顾问兮，想予路之威神。

卫人嘉其勇义兮，讫于今而称云。

到长垣县边上，着重说明孔子的学生子路为蒲大夫时，政声远扬。卫国人称赞他的勇敢更重视他讲义施仁，立下祠堂，永远纪念他。

蘧氏在城之东南兮，民亦尚其丘坟。

唯令德为不朽兮，身既没而名存。

唯经典之所美兮，贵道德与仁贤。

吴札称多君子兮，其言信而有徵。

后衰微而遭患兮，遂陵迟而不兴。

知性命之在天兮，由力行而近仁。

勉仰高而蹈景兮，尽忠恕而与人。

好正直而不回兮，精诚通于明神。

庶灵祇之鉴照兮，佑贞良而辅信。

长垣县蘧乡有蘧伯玉坟，从这些事例可以看到有德行才会永垂不朽，人虽不在世，但美名传扬。经典中所称赞的就是有道德的仁人志士和贤明善良的人。吴季札到卫国，对公子朝说："卫国的君子多，不会有灾患的。"（多君子，指的是蘧瑗、史狗、史鰌、公子荆、公叔发）后来国势衰微，走向下坡路，最终，被秦二世所灭。

历史的教训应该记取。班昭谆谆教子：要顺应潮流，修身正己，性情淳厚，宽以待人。如此，才能有利于国，有利于民。上天才会庇护，后代人才会铭记。

学屈原《离骚》手法，结束语用“乱”整理归纳出几项具体要求，使子谷在思想上极度震动，严母教子，确实抓住了时机。

乱曰：

君子之思必成文兮，盍各言志慕古人兮。

先君行止则有作兮，虽其不敏敢不法兮。

贵贱贫富不可求兮，正身履道以俟时兮。

修短之运愚智同兮，靖恭委命唯吉凶兮。

敬慎无怠思蒙约兮，清静少欲思公绰兮。

班昭学习孔子的教育方法，启发受教育者露出自己真实思想，然后再根据其理想、志趣加以引导。

先说自己写《东征赋》的原因，是以父亲班彪为榜样，虽然自己不太聪明，写出来的赋也赶不上《北征赋》深刻，但是，继承父志，教育后人的责任感促使自己要阐明观点。

班昭的人生态度是不强求不易得到的幸福，生活上的富有，不如严以律己正大光明快乐。暗含着不为谋高俸孜孜以求。生命是有限的，不能因聪明而延长，也不能因愚昧而缩短。应该不惜身家性命报效国家。忠，会带来吉利；奸，会遭到祸殃。要恭敬、谨慎、勤恳、谦逊，要学习孟公绰清心静气没有贪心。

这篇赋，感情真挚热烈，无异是给先贤写赞歌，有的是因地而思人，恩人而兴叹，有的是直赞其执政时善政，有的则赞其“死后尊荣”。对自己的内心世界，剖白彻底。忧者为何？略感安慰为何？矢志学习为何？起到了动之以情的作用。穿插议论、大段议论，很有分量。不流于空口说教，有大量史实做根据，使人不能不点首称是，起到潜移默化的作用。即通常所说的晓之以理。

我们来看班昭前后的汉代女性作品，很大一部分是女性由于自身生活的不幸遭遇，最后选了用写作来抒发个人情感，作品几乎全是笼罩在哀怨伤感的氛围之中，基本上都是抒发一己的情怀，如乌孙公主的《悲愁歌》、班婕妤 的《怨歌行》、蔡琰的《悲愤诗》，都是如此。

她的《东征赋》就从汉代女性文学狭小的闺阁走向了广袤的现实世界，很大程度上突破了汉代女性作品相思愁怨的单一创作模式。这篇赋，开始以广阔的视角去审视社会人生，颂赞明君圣主，关注百姓的生活与社会的矛盾，此赋融抒情、写景、思亲、咏史于一炉，极大丰富了汉代女性文学的表现空间。可以说，她的作品不但继承了情感真挚这一女性文学的创作传统，而且更加的注重文学的社会价值，借作品进行阐发自己对于国家的一些看法，有非常强的用世精神。

班昭的《东征赋》在作品的体裁上面，所表达的是笔触扩展到了一定的辞赋。辞赋不只是句式的长短，而且，还拥有了字数增多，形式不同的变化，也使其意义容量加大，从而利于班昭自由而恰切地表现自己丰富而复杂的情感。

班昭的学识较为渊博，这是因为她对儒家典籍和历史史实的熟稔，她在《东征赋》中可以应用自如、自然得当地连续使用多个典故。这样文章不仅显得典雅、富丽，而且气势恢宏，增强了说服力和感召力。

班昭的《东征赋》在题材内容、文学样式以及文学风格上皆有重大突破，并取得了一定的文学成就，因此，其在文学史上具有不容忽视的重要意义。

德才兼重：班昭文学艺术的女性意识

前文说过，自古以来，人们对班昭的《女诫》都是毁誉参半，赞成的人因其易学易行而引以为典训，并对班昭及其《女诫》的推崇达到了夸张的地步。例如，1912 年，吴芙在为好友裘毓芳的《〈女诫〉注释》所作的“序”中说道：“从古以来，女人有名气的极多，要算曹大家第一。曹大家是女人当中的孔夫子，《女诫》是女人最要紧念的书……”毁之者则指责班昭的一系列主张成为了戕害中国妇女的罪魁祸首。例如，现代学者陈东原先生认为“她作的《女诫》七篇，也就了不得的压抑了同类女子了”。然而，这种毁、誉都根源于对这篇文章的圣典化误读，这样的误读可能是由于前人的故意利用，但是，后人没有发现这样的利用，真将其当作一篇“圣典”来加以批判，最后，让《女诫》既有“誉”，也有“毁”。

孤儿寡母，生活艰辛异于常人，惟有期望子女乖巧，不失于人，才能生活平顺，内心安定，有这样的期望亦为人之常情。

《女诫》前言曰：

鄙人愚暗，受性不敏，蒙先君之馀宠，赖母师之典训。年十有四，执箕帚于曹氏，于今四十馀载矣。战战兢兢，常惧黜辱，以增父母之羞，以益中外之累。夙夜劬心，勤不告劳，而今而后，乃知免耳。吾性疏顽，教道无素，恒恐子谷负辱清朝。圣恩横加，猥赐金紫，实非鄙人庶几所望也。男能自谋矣，吾不复以为忧也。但伤诸女方当适人，而不渐训诲，不闻妇礼，惧失容它门，取耻宗族。吾今疾在沈滞，性命无常，念汝曹如此，每用惆怅。间作《女诫》七章，愿诸女各写一通，庶有补益，裨助汝身。去矣，其勖勉之！

《女诫》是班昭在某次得了重病后，觉得自己马上要告别人世的时候，一种极为复杂心情下写作出的一篇家训。这里可以了解到，由于父亲的早逝，班昭只能“赖母师之典训”，这里的母师即姆师，亦即女性家庭教师。在汉代及汉代以前，女子虽然没有学校教育，但家庭教育却是必备的。女性的教育除了来自家长的言传身教外，还有家庭教师的典范。《礼记·内则》说：“凡生子择于诸母与可者，必求其宽裕慈惠，温良恭敬，慎而寡言者，使为子师。”这所谓“子师”

即保姆，不论男女婴儿，所受无异。但选保姆的标准是很严格的，必须是温良恭敬、惠而寡言的女性。“子能食食，教以右手”，这种教育是男女相同的。“能言，男‘唯’，女‘俞’；男盘革，女盘丝”，等到儿女会说话时便男女有别了。同是应声，男子以“唯”，女子以“俞”，这是家庭教育上显出的差别。到了十岁的时候，男子就必须要“出就外傅，居宿于外”，在此也就是外出求学。女子到了十岁，那么就必须待字闺中，接受姆教了。

我们来看看，她们的姆教到底是哪些内容呢？据《内则》中记载：“女子十年不出，姆教婉娩听从。执麻枲，治丝茧，织紝组紃，学女事以共衣服。观于祭祀纳，酒浆笾豆菹醢，礼相助奠。”“使为子师，其次为慈母，其次为保母，皆居子室。”其中子师、慈母、保母皆是负责教养的家庭教师，只是分工略有不同。“师也者，教之以事而谕诸德者也；保也者，慎其身以辅翼之而归诸道者也。”三者皆备才符合“人君养子之礼”。班昭说自己“蒙先君之馀宠，赖母师之典训”。这表明班昭从家庭教师那里，所学不仅是“德、言、容、功”，还有传统的经籍教育，这和她世代簪缨的家族是有紧密联系的。

班昭在十四岁的时候，嫁给了同郡人曹寿，而没想到曹寿早卒。即便是这样，作为曹家的媳妇，班昭依然非常的谨小慎微，尤其是注意自己的言行举止，担心行止无当而受到婆家的黜辱，更害怕令班氏家族蒙羞。因此，她恪守作为子媳的本分，没有出过分毫差错。须知当时女人在社会上生存已是大为不易，孤儿寡妇就更加艰辛，这也可看出班昭刚强的个性。她严格教育儿子曹成，唯恐他有负国家朝廷的使命，文中提到的“子谷”即其子曹成。后来，班昭的儿子因其母为太后师，受到和熹邓太后特别的优待，“特封关内侯”，爵等仅次于有封土的列侯，且官任散大夫。这让班昭感念皇恩的同时，更要求他品行端正，具备报效家国的真才实学。“圣恩横加，猥赐金紫，实非鄙人庶几所望也。”班昭并不敢因此而有所怠慢。

“男能自谋矣，吾不复以为忧也。但伤诸女方当适人，而不渐训诲，不闻妇礼，惧失容它门，取耻宗族。”

班昭说得非常明白，她的这篇《女诫》，本来不是广大女性的训诫，当然，也没有奢望它可以在后世流传，不过是以此训诲“诸女”而已。原因是“诸女”正值快要适人之际，这时必须培养女儿们女德规范的修养，以维护宗族名誉。由此可知，班昭的女儿享受了与男儿一样的书本教育，她们比平常百姓家的女子有更强的女性独立自主意识，因此她们才可能“不渐训诲、不闻妇礼”。班昭在自己病重之际，感到有责任将自己一生作为女人的经验传授给女儿，毕竟在礼法严苛的男权社会，女人要想保全自身并非易事。由此可以看出，她写给诸女的《女诫》并非是一篇女训，不过是把自己的所有生活经验都进行了一个总结。

晚清才女裘毓芳在1898年5月的《无锡白话报》上发表的《〈女诫〉注释》中大骂：“不知哪个胡涂不通人，说什么‘女子无才便是德’，这句话害得天下女子不轻。……若曹大家也依着这‘无才便是德’

的话，《汉书》也续不成了，七篇《女诫》也做不成了，到如今也没人知道什么曹大家了，哪能人人佩服她，个个敬重她？可见得做了女子，学问不可没有的。”“古之妇学，必有礼而通诗，六艺或其兼擅者耳。”汉代女性教育除了德育和技能外，也会像男子一样学习儒家经典。例如，班昭的祖姑母班婕妤“诵《诗》及《窈窕》《德象》《女师》之篇。每进见上疏，依则古礼”。

班固留下了“八表”和“天文志”，就是整部《汉书》中最为难写的一个部分，可以说，不是专家是无法完成的。“十三年春正月丁丑，帝幸东观，览书林，阅篇籍，博选术艺之士以充其官。”东观是汉朝皇宫贮藏档案、典籍和从事典校、修史与著述的重要处所之一，其以藏书丰富完善而素有“书林”之称，东观修史实始于班昭，据史书载：“时《汉书》始出，多未能通者，同郡马融伏于阁下，从昭受读；后又诏融兄续，继昭成之。”班昭可谓东观藏书阁文化中心的典范之一。我们在她的《大雀赋》《针缕赋》等文章的残篇中就可以发现，她的文学思想以及她的创作方式。

班昭的一生，所学的典籍很多，然而，由于资料匮乏，今天已经没有办法考证了，不过，依然可以从她的著述中窥见端倪。笔者发现，仅从李善所注《文选》中所录班昭《东征赋》一篇，可知其学问来自于《楚辞》《礼记》《论语》《老子》《春秋左氏传》等典籍。又据《后汉书·皇后纪》记载：和熹邓皇后“自入宫掖，从曹大家受经书兼天文、算数”。可知班昭向后宫妃嫔传授的知识不仅局限在经学知识、后宫礼仪等，还有天文、算学等科学知识。就连经学家马融也“伏于阁下，从昭而受”。有着如此深厚学养的女子，相信她对女儿辈的教育也绝不会仅限于三从四德，更不会有“女子无才便是德”的主张。

假如说班氏家族的女子接受典籍教育是因为他们家族的特例，这里还可以举很多汉代女子博学多才的例子。《后汉书·皇后纪》载明德马皇后“能诵《易》，好读《春秋》《楚辞》，尤善周官，《董仲舒书》”。

这些受到了良好教育的女性，他们通常都是在自觉地承担着文化教育的使命，可以很好地帮助汉代教育事业的发展。例如，明德马皇后“教授诸小王，论议经书，述叙平生，雍和终日”；和熹邓皇后曾“诏中官近臣于东观受读经传，以教授宫人，左右习诵，朝夕济济”，“诏令和帝弟济北，……并为开邸第，教授经学，躬自监视”；此外，根据胡文楷《历代妇女著作考》记载，汉代失传的女性作品有《班婕好集》、傅石甫妻所作《孔氏集》、班昭的《曹大家集》《列女传注》等。还有解忧公主的《上昭帝书》、冯嫽的《上元帝书》、卓文君的《司马相如诔》等文章，也都是妇女不仅能够读书，而且擅长写作的有力证明。

据陈东原的《中国妇女生活史》所考，《女诫》以下，北朝的《颜氏家训》，晋代的《女史箴》，唐朝的《女论语》《女孝经》和《女则》都没有过“女子无才便是德”这一句话，只明代末叶吕坤曾说：“今人养女多不教读书识字，盖亦防微杜渐之意。然女子贞淫，却不在此。果教以正道，令知道理，如《孝经》《列女传》《女训》《女诫》之类，不可不熟读讲明，使他心上开朗，亦阃教之不可少也。”从这句话便可看出，当时人已经有了不教女子读书的趋向，所教内容不过几部女教经典罢了。那么，“女子无才便是德”这句话产生在明代的可能性极大。据陈东原考证：“从乾隆辛未到末年，这句话传播得特别加快，大概因为那时女子学诗的风气太大，这句话格外被一些卫道先生所利用的缘故。总之女子无才是德起于明末养女多不教读书识字的社会，不过宋初司马光不赞成女子做诗歌，已微开其意罢了……”他分析说，从前的学问观念都是看重文字的，因此，女子无才就是因为害怕女子学诗文移了性情，最后只好不赞成女子学诗了。

班昭并无“女子无才便是德”的主张，相反，她优异的才学和功成名就的人生是早期女性意识觉醒的典范。

后　记

历史塑造出代代相传的绝代佳人，可对她们的生平事迹却又不屑一顾。除了那些跻身政坛的皇后嫔妃在史传中占了一点篇幅，且是惜墨如金，更多的美女佳人都只是在笔记、野史、小说、传奇、民间故事中才能搜罗出一点点传闻轶事，有的已变得面目全非。

传统的历史给了男人更多的关照，却少了对女人的关注和荣耀，她们是中国历史绕不开的死结。“红颜才女”系列图书共 10 本，从另一个视角展示了这些女性的美丽、欲望、才情和智慧等，并作了客观的评价。书中呈现了卓文君、班昭、蔡文姬、谢道韫、薛涛、鱼玄机、李清照、朱淑真、柳如是、顾太清 10 位女中豪杰的风采，她们离奇跌宕的身世和不可复制的命运，无不是一个时代与历史的精彩缩影。

西汉卓文君天生丽质，容貌姣好，自幼聪明伶俐，博闻雅识，诗歌词赋，无一不精，更兼擅长音律，琴技无双。然而，这朵娇艳欲滴的鲜花，却遭到狂风暴雨的摧残：父亲为了攀附权贵，将她嫁与李家公子。

丈夫体弱多病，撒手西去，文君只得独守空房。李府内妻妾争风吃醋，丑态百出，文君发现身边有一双邪淫的眼睛……才华横溢而又穷困潦倒的司马相如与卓文君一见倾心，双双坠入爱河。琴声相约，雪夜私奔，文君冲破世俗观念，抛却锦衣玉食的生活，毅然扑入爱人怀抱，贫寒的生活随之压向她柔弱的肩头。他日司马相如平步青云，飞黄腾达，沉溺于声色犬马之中，心生纳妾之意。卓文君悲痛欲绝的眼泪化作哀婉动人的诗句，相如读罢如当头棒喝，羞愧中找回从前的自我，二人始得生死相依，百年好合。

东汉班昭出身儒学世家，父亲班彪是远近闻名的学者，长兄班固著《汉书》，未竟而卒，次兄班超，为汉代著名外交家。在父兄的影响熏陶下，班昭学问广博，很有才干。十四岁时，班昭嫁于同郡人曹世叔。丈夫早年去世后，班昭清守妇规，举止合乎礼仪，气节品行非常好。班昭晚年，身患疾病，家中女子们又正当出嫁的年龄，班昭担心她们不懂妇女礼仪，令未来的夫家失面子，辱没了宗族，于闲暇时作《女诫》七章，以做勉励，书成后，对宫内妇女的教育很有帮助。班昭还继承长兄班固的事业，续写《汉书》。

东汉末年的蔡文姬是天生才女，通音律，善辞赋。命运苦难，她从繁华坠入风霜，宿命轮回，她遭遇爱与生命的流离。各色岁月一一尝遍，她终是无悔此生。她用一生风雨打磨饱满的灵魂，诉说着千古幽思。孤芳续汉史，血泪写春秋。《悲愤诗》与《胡笳十八拍》再现了蔡文姬凄楚的生活经历与悲愤的思想感情，一代代流传下来，成为千古绝唱。

东晋才女谢道韫留下来的事迹不多，其中最著名的故事，记载在《世说新语》中：谢安在一个雪天和子侄们讨论可用何物比喻飞雪。谢安的侄子谢朗说“撒盐空中差可拟”，谢道韫则说：“未若柳絮因风起”，因其比喻精妙而受到众人的称许。也因为这个著名的故事，她与汉代的班昭、蔡文姬等人成为中国古代才女的代表人物，而“咏絮之才”也成为后来人称许有文才的女性的常用词语，这段事迹亦为《三字经》“蔡文姬，能辨琴。谢道韫，能咏吟”所提及。在孙恩之乱时，丈夫王凝之为会稽内史，但守备不力，逃出被抓被杀，谢道韫听闻敌至，举措自若，拿刀出门杀敌数人才被抓。孙恩因感其节义，故赦免道韫及其族人。王凝之死后，谢道韫在会稽独居，终生未改嫁。

薛涛是古代十大才女之一，唐代首屈可指的女诗人，历史上的才女不少，但没有哪一个能像薛涛那样才艺双绝，具有多方面的才能，尤其在人生经验和政治素质上的历练无人可比。薛涛和很多在历史上留下名字的女子一样，有着清丽的容貌，虽然不幸坠入风尘，她的心灵却生长着一双自由的翅膀，以天性敏感和细腻，委婉地书写着温润的内心世界，细致入微地发掘个体生命体验，用哀怨的泪水勇敢地控诉时代的不公。身处庞大而炫目的诗歌唐朝，在那些光焰万丈的文学繁星中，她灼灼地发出自己的光芒，注定成为一个不容忽视的存在。

晚唐的女诗人当中，以鱼玄机最为知名，也最为传奇，色既倾国，思乃入神，又被誉为“才媛中之诗圣”。这样一位才貌双全的风流佳人，却时运不济，命途多舛，牵连进包括笞杀婢女绿翘在内的多宗谋杀案，最终以悲惨的结局收场。

宋代李清照的人与文，是一致的清丽，一样的充满光的气味，她是绝品的女子。生命被把持得清洁自如。纵然有曲折、有挫折、有跌宕、有不可预知的舛错，但她携着内心清正的道一点一点化解，从不拖沓。

南宋女诗人朱淑真是唐宋以来留存作品最丰盛的女作家之一。她生于仕宦之家，饱读诗书，精通音律，尤擅诗词，后人称之为“闺中之秀，女流之杰者”，为南宋多情才女和美女，与李清照齐名，但却婚姻不幸，遇人不淑，与丈夫志趣不合，夫妻不和睦，情绪时时抑郁苦闷而又无可奈何，她只有寄情于诗，移情于物来排遣爱情生活带来的“颦眉”，最终因抑郁早逝。传朱淑真过世后，父母将其生前文稿付之一炬，现存《断肠诗集》《断肠词》传世，是劫后余篇。

明末柳如是是秦淮八艳之一，琴棋书画样样精通。她二十四岁遇见钱谦益，他们以诗文为媒，惺惺相惜而走到了一起。面对改朝换代，柳如是与钱谦益两人由于认识上的不同，陷入了巨大的分歧之中，感情出现裂痕：一个远去北京做了清廷的官员，一个南下追寻抗清的南明军队。当一切繁华落尽，两人再度破镜重圆，在红豆山庄过起了平淡而恬静的田园生活，钱谦益死后，钱氏族人意欲争夺钱家家产，柳如是为了保全后代与钱氏家族的财产，用三尺白绫自缢而死。

顾太清是清代著名女词人。著作小说《红楼梦影》，成为中国小说史上第一位女性小说家，其文采见识非同凡响。顾太清多才多艺，且一生写作不辍，她的文学创作涉及诗、词、小说、绘画，尤以词名重士林。她做诗词全凭才气，不摆“唐模宋轨”的架子，倒也潇洒自如，平添一种风流态度。

女性用自己的经历创造历史，但在由男性书写的历史上，她们的存在史、她们的挣扎与奋斗、她们的快乐与痛苦都被压抑在黑暗之中，所以她们的人生经历更值得一读，透过它，人们可以从另一个角度重读历史。

为了增加图书的可读性和趣味性，本书在编写过程中参考了古今大量史料和札记轶闻，也参阅了今人研究者和历史爱好者的相关著作和文字，特对此隆重致谢。凡所参考文字大部分已得到作者同意并付予相应稿酬，但也有部分文字无法联系到原作者，若在阅读过程中发现贵文，烦请联络我处获得稿酬。

联系方式：1798789501@qq.com